www.ingramcontent.com/pod-product-compliance
Lightning Source LLC
Chambersburg PA
CBHW050237120526
44590CB00016B/2121
* 9 7 8 1 7 7 8 1 9 8 2 3 6 *

أوراق حائرة

Author/Publisher
Khaled Homaidan

Toronto – Canada

Reference # CMC30/22
Phone: 1.647.977.6677 - 1.647.242.0242
E-Mail: cmcmedia@rogers.com

المجموعة الكاملة

(5)

أوراق حائرة

منشورات خالد حميدان
تورنتو ـ كندا

الطبعة الثالثة ـ 2022

خالد حميدان

أوراق حائرة

الطبعة الثانية - ٢٠١٢

Author: Khaled Homaidan - المؤلف: خالد حميدان

Publisher: Khaled Homaidan
khaled.homaidan@gmail.com

Address: 58 Pinecrest St. Markham ON, L6E 1C2
CANADA

Title: Awrak - المجموعة الكاملة (5) أوراق حائرة

Language: Arabic

Reference #: CMC30/22

ISBN: 9781778198236

تصميم الغلاف والإخراج للمؤلف

*****

طبعة ثالثة منقحة ومضاف إليها

جميع الحقوق محفوظة للمؤلف

All rights reserved © Khaled Homaidan 2022

Phone: 1.647.977.6677 - 1.647.242.0242

E-Mail: khaled.homaidan@gmail.com

مقدمة الطبعة الثانية ـ 2013

عندما قررت جمع المقالات والأبحاث التي كتبتها عبر السنوات الطويلة، وجدت نفسي في بحر واسع من العناوين والأوراق التي كانت لتندثر وتفقد لولا وجود الكمبيوتر، هذا الرفيق الأوفى في حفظ الود والخلجات الصادقة التي كانت تجول في صدري وخاطري قبل أن تتحول إلى كلمات إلكترونية يسهل عليّ كما على الآخرين تناولها ساعة نشاء..
وكان كلما ظهر أمامي مقال، كنت أتخيل إلى أية مجموعة من المقالات ينتمي، فأعمل على حفظه داخل المجموعة المعينة في ملف خاص حتى باتت لديّ مجموعات خمس مختلفة. ورحت فيما بعد أعيد النظر على ما كتبت في السابق، منذ أواخر السبعينات حتى أيامنا هذه، وأعمل على تصحيح وتنقيح بعض الفقرات أو الزيادة على البعض الآخر. وكان بنتيجة الفرز الذي أجريته أن وضعت كل مجموعة في كتاب على حدة هي كالتالي:

1 ـ كتاب "الأبله الحكيم" (الطبعة الثالثة)، وقد تضمن رسالة الأديب الكبير ميخائيل نعيمة.
2 ـ كتاب "كلمات بلا حواجز" (الطبعة الثانية)، وهو عبارة عن مقالات وتحليلات سياسية حول الواقع العربي المشرقي بشكل عام وفي فلسطين والعراق بشكل خاص.
3 ـ كتاب "سقوط الجمهورية"، وهو مجموعة مقالات وتحليلات حول الوضع اللبناني والصدامات السياسية التي ما زالت على أشدها حتى يومنا، منذ اندلاع الحرب الأهلية عام 1975.
4 ـ كتاب "أوراق تحترق"، ويضم مجموعة من المقالات السياسية والاجتماعية عن الواقع العربي في الوطن والاغتراب بشكل عام وفي كندا بشكل خاص.

5 ـ كتاب "بيت التوحيد.. بيت العرب"، وهو عبارة عن مقالات تلقي الضوء على "بيت التوحيد" في تورنتو وبعض ما جاء في قانون الأحوال الشخصية لطائفة الموحدين (الدروز)، إلى جانب بعض المقالات ذات الصلة.

6 ـ كتاب "الوصايا العشر" (الطبعة الثانية)، وهو مجموعة مقالات سياسية واجتماعية. وقد جعلت من اسم إحدى المقالات عنوان الكتاب تسمية الكل باسم الجزء.

ومن البديهي أن تكون مقالات كل مجموعة من المجموعات التي ذكرنا متجانسة فيما بينها بحيث تعبّر في مجملها عن عنوان الكتاب وإلا جاءت دخيلة أو نشازاً على المضمون العام. وفي نهاية التوضيب الذي نتج عنه فرز كتب ستة، ظلت بعض المقالات والدراسات خارج دائرة الكتب للأسباب التي ذكرنا، فوقعتُ بحيرة من أمري إذ لا بد من نشر هذه المجموعة الحائرة "بدون عنوان" لأهميتها من ناحية ولتلافي ضياعها من ناحية أخرى. وكنت كلما تحدثت عن مضمون الكتب التي أنوي نشرها، أشير إلى هذه المجموعة التي لا تدخل في أي من المضامين الآنفة الذكر وقد أسميتها "الأوراق الحائرة". وعندما قررت نشرها فيما بعد، فإذا بها في كتاب واحد والعنوان جاهز. وهكذا أسميت الكتاب: "أوراقٌ حائرة".

اليوم وبعد نفاذ الطبعة الأولى والثانية من هذا الكتاب، أعددت للطبعة الثالثة، التي بين أيديكم، بإضافة بعض المقالات والدراسات التي لم تتضمنها الطبعة الأولى.

علني وفقت فيما فعلت، أرجو أن ينال الرضى والاعجاب.

خالد حميدان

إلى فخامة الرئيس لحود.. مع أطيب التمنيات

كتبت هذه الرسالة إلى فخامة الرئيس إميل لحود على أثر لقائه أبناء الجالية اللبنانية الكندية في مدينة مانكتون / نيو برانزويك حيث جاءوا من مختلف المقاطعات للترحيب به غداة انعقاد مؤتمر الفرانكوفونية. وكانت تلك الزيارة الأولى من نوعها بعد انتخابه رئيساً للجمهورية اللبنانية.

1999/9/29

تحية وطنية صادقة وبعد،

إن لقاءكم التاريخي بأبناء الجالية اللبنانية الكندية في مدينة "مانكتون" ـ كندا، كان له الأثر البالغ في نفس كل من حضر وسمعكم تؤكدون على متابعة العمل والاستعداد لتقديم التضحيات مهما بلغت لبسط سلطة القانون وإحياء المؤسسات وتبديد القلق الذي يساور اللبنانيين، مقيمين ومغتربين، على مصير ومستقبل لبنان.

والواقع أن اللبنانيين في سائر بلاد الانتشار، ومنذ اللحظة الأولى لتوليكم الرئاسة، يتطلعون إلى شخصكم الكريم بإعجاب وتقدير للصفات الوطنية العالية التي تتحلون بها وقد أثبتم ذلك في كل المناسبات، وأن حياتكم العسكرية تحفل بالمآثر وقد تركتم هناك بصمات خالدة..

كذلك يتطلّع اللبنانيون بأمل وترقب إلى اليوم الذي ستتمكنون فيه من تحقيق الوعد ـ الحلم، الذي يراودهم منذ زمن طويل: السيادة على كامل الأرض اللبنانية في ظل وحدة وطنية قائمة على العدل والمساواة وإطلاق لبنان الجديد، دولة القانون والمؤسسات.

مما لا شك فيه، يا صاحب الفخامة، أن كل من عرفكم يدرك تماماً أنك تعنون ما تقولون وقد كان هذا شعاراً لخطاب القسم يوم تسلمتم المهام الدستورية إذ قلتم بعزم وشدة أنكم جئتم إلى الرئاسة لتحوّلوا اليأس أملاً والكفر بالوطن إيماناً بإقامة دولة الحرية والأمن والكرامة. من هنا لا أخال اللبنانيين المخلصين إلا ملتفين حولكم ليشدوا على أيديكم ويعقدوا السواعد للمشاركة في ورشة التغيير حتى يكون لكل منهم شرف المساهمة في بناء لبنان الجديد.

ولكن هنا.. يتبادر إلى الذهن سؤال يطرح نفسه: هل الأرضية بحالتها الحاضرة، التي تشكل حقل التغيير، صالحة لإجراء التغيير المنشود دون المس بالنظام والقوانين المرعية..؟

الجواب لا.. بالطبع. لأن التغيير يستلزم الأرضية الصالحة والخيارات الواضحة في إطار قانوني ثابت قادر على تحقيق وحماية الفوائد العملية المرجوة.

السيادة على كامل الأرض الوطنية لا تتحقق إلا بانسحاب العدو المغتصب من الأراضي اللبنانية وتنفيذه لقرارات الأمم المتحدة الواضحة دون قيد أو شرط، تمهيداً لعقد سلام قائم على العدل وإلا كانت المقاومة الوطنية خيار لبنان الوحيد حتى تحرير آخر شبر من الأراضي المغتصبة.

أما الوحدة الوطنية القائمة على العدل والمساواة، فإنها تهدد الاقطاعية والطائفية والرأسمالية، هذا الثالوث الذي يتحكم بلبنان منذ زمن طويل باسم الحرية تارة وباسم الديمقراطية تارة أخرى.

وإذا أردنا أن نكون صريحين مع أنفسنا، يجب أن تكون لدينا الجرأة بأن نقول ونؤكد أنه لا يمكن أن تقوم الوحدة الوطنية إلا بإزالة هذا الثالوث. ولا يتم هذا الأمر بين ليلة وضحاها بل يلزمه إصدار قوانين جديدة تتلاءم مع التطلعات الجديدة:

من إلغاء الطائفية السياسية إلى فصل الدين عن الدولة وإقامة الدولة العلمانية.

إلى نسف قانون الانتخابات وجعل المرشح للنيابة على أساس القاعدة الشعبية لا على أساس القاعدة الطائفية أو المذهبية في دائرة كبيرة كانت أم صغيرة.

إلى تثبيت حقوق العمال وإعطائهم الضمانات الاجتماعية اللائقة ومنحهم الحد الأدنى للأجور.

إلى تشجيع الاستثمارات الزراعية والمساعدة على تصريف الانتاج.

إلى إنشاء قانون ضرائبي متطور يخضع له الكبير كما الصغير.

إلى دعم السلطة القضائية والحفاظ على استقلاليتها بعيداً عن التجاذبات السياسة واللائحة تطول..

هذا قليل من كثير يجب فعله حتى تتحقق الوحدة الوطنية القائمة على العدل والمساواة.

أما دولة القانون والمؤسسات، فهي تبدأ بالاصلاح الاداري ووضع الرجل المناسب في المكان المناسب مروراً بإصدار القوانين الجديدة وتعديل ما يعدل منها، كما مرّ معنا في الفقرة السابقة، ثم قيام الدولة القوية القادرة على تطبيق هذه القوانين وتفعيل دور المؤسسات.

فخامة الرئيس،

تبدو المهمة صعبة وشاقة إلى حد يستحيل تنفيذها خاصة فيما يتعلق بتعديل بعض القوانين أو إلغاء بعضها الآخر أو استحداث قوانين جديدة، ولكن.. هل تعذر ذلك على من نذر نفسه للسير على الأشواك ليخلص لبنان الذي مضى على ضياعه سنوات طويلة، كما ذكرتم، في لعبة الخيارات والمراهنات..؟

يبقى القانون فوق كل الاعتبارات حتى يفقد الغاية التي من أجلها قام. فكيف إذا كانت تلك الغاية مصلحة لبنان التي هي فوق كل

القوانين. وإننا ندرك تماماً أن كثيرين سيتضررون من قيام العدل والمساواة لأن وجودهم بالأصل جاء وليد العبثية التي شرذمت الوطن وأدت به إلى الخراب والدمار، ولم يعد الأمر خافياً على اللبنانيين الذين يستعدّون اليوم لمواكبة مسيرتكم الوطنية، بأمل لا يوصف، وقد ضاقوا ذرعاً بالحال التي آل إليها الوطن.
من هنا، يا فخامة الرئيس، إننا نتطلع ونترقب بأمل كبير أن تنسفوا كل القوانين التي لم تعد تحقق العدل والمساواة لتقيموا مكانها ما يصلح ويحقق مصلحة لبنان حتى ولو كان ذلك دستور الجمهورية الذي يعتبر أقدس المقدسات، وأن هناك سابقة بالأمس القريب، عندما قضت مصلحة لبنان واجتمع المجلس النيابي، عشية الاستحقاق الرئاسي، على تعديل المادة 49 من الدستور، تمهيداً لانتخابكم رئيساً للجمهورية بشبه الاجماع.
وحسناً فعلوا في اختياركم.. إن ضمانتنا في تدوين هذه الخواطر هي حسن آدابكم وحسن إصغائكم إلى كل ما يخدم مصلحة لبنان..

هنيئاً للبنان برئيس إذا قال فعل.
واقبلوا وافر تحياتنا مع أطيب التمنيات..

❖

ندوة "مجلس الفكر"
حول كتاب "الجبل تاج النار والنور"

بتاريخ 1995/5/20 وبدعوة من "مجلس الفكر" في مدينة بيروت ـ لبنان، أقيمت ندوة فكرية حول كتاب "الجبل تاج النار والنور" لمؤلفه الكاتب والصحافي مراد الخوري على أثر صدور الكتاب، اشترك فيها كل من نائب عاليه الأستاذ فؤاد السعد، رئيسة المجلس السيدة كلوديا شمعون أبي نادر والأديب خالد حميدان رئيس المركز الاستشاري للإعلام ـ كندا. وفيما يلي نص الكلمة التي ألقيت في المناسبة..

يسرني في مستهل هذه الكلمة أن أنوه بالالتفاتة الكريمة التي خصني بها "مجلس الفكر" الزاهر بدعوتي للاشتراك في ندوة اليوم، وقد جئت من كندا خصيصاً تلبية لهذه الدعوة..
وإنني، وإذ أشكر القيمين على المجلس الكريم، أخص بالشكر والتقدير السيدة كلوديا شمعون أبي نادر ـ رئيسة المجلس ـ التي تسهر على دعم وتشجيع الأعمال الفكرية لكي يبقى "مجلس الفكر" المنبر المدوّي وملتقى الأفكار الحرة المتعالية من أجل بناء لبنان الجديد الذي نطمح إليه جميعاً.

وجدانيات عاصفة وبوح من الأعماق..
همسات حب ونفحات من القلب صادقة..
دعوة إلى التعانق والتآلف، إلى النهوض والانماء والبناء..
هكذا تراءى لي الصديق ورفيق الشباب الأستاذ مراد الخوري من بين سطور كتابه، "الجبل تاج النار والنور".

وإن أقرأ ما بين السطور، فلأنني أعي تماماً ما كتب مراد وما لم يكتب وقد خبرت ما تنطوي عليه شخصيته النادرة.. وكأني بكتابه هذا، نداء من ضمير لا يعرف الركوع والاستسلام، بل صرخة مدوية بوجه العبثية والاستهتار..

فمن شغفه وتعلقه في بلدته "عيناب"، ولدت علاقته بالأرض ومن خلال هذه الأرض خاطب كل الوطن.. وطن، أحبه وتغزّل بمفاتنه تغزّل العاشق المتيم بحبيبته.. حلم به وعياً وارتقاءً. وسعى بجهد متواصل ليحول الحلم إلى حقيقة واقعة، حاملاً شموع الأمل لتضيء له الطريق..

وعلى مدى أكثر من ربع قرن، استطاع مراد أن يقهر الملل واليأس، بإيمانه وعناده وصلابة قلمه. وأراه اليوم يتابع السير على ذات الطريق، يراوده ذات الحلم الجميل وقد أيقن وهو على عتبة الخمسين، أن الطريق إلى نهايته يطول ويطول..

مراد الخوري كما عرفته، هو الذي لا يعرف لطموحاته نهاية. فهو لا يقف عند عتبة إلا لينتقل إلى أخرى: في تعدد منشوراته الصحفية، وفي تعدد نشاطاته الاجتماعية، وفي تعدد مواقفه الانسانية.. وهو في كل ما سعى إليه، كان يهدف إلى الأفضل والأسمى. فمن مجلس للانماء في قضاء عاليه إلى تجربة مماثلة في الشوف والمتن، فإلى المجلس الأوسع والأشمل : "مجلس إنماء الجبل".

وفي مطلع السبعينات، ومن خلال تطلعه إلى الجبل ـ الذي أسماه فيما بعد "تاج النار والنور" ـ كانت مغامرة مراد الخوري الأولى في تأسيس مجلس إنماء قضاء عاليه وإصدار مجلة باسم "قضاء عاليه"، هذه النشرة الأسبوعية التي كانت تغطي أخبار القضاء وتعنى بالشرح النظري لسياسة الانماء وتعمل على تظهير كل الأعمال الانمائية التي تفيد المنطقة على مختلف الأصعدة..

ومنذ الخطوة الأولى كان لي شرف المشاركة في مغامرة الأخ والصديق، ذلك أننا التقينا إلى جانب المودة والصداقة، على أكثر من قاسم مشترك في تطلعنا إلى العمل الاجتماعي والانمائي وأدركنا منذ البداية أن النهوض بالمجتمع إلى سوية راقية ليس دوراً تضطلع به الحكومات أو طرحاً يورده برنامج المرشحين للانتخابات، بل هو عمل متواصل صامت يحققه المواطنون، كل في مجاله، تلك هي حقيقة الإنماء.. وإن قيام المبادرة الأهلية في المناطق، لا تتعارض إطلاقاً مع وجود الادارة المحلية، بل تعزز وجودها وتسهل عليها الدور في خدمة المواطنين.

أعترف أمامكم وللمرة الأولى، أنني لم أكن واثق الخطوة فيما عزمنا السير فيه، وخاصة في إصدار الجريدة، ولكن مراد وهو الواثق أبداً فيما يقدم عليه، أصرّ على الاستمرار مهما كلف الثمن.. ونجحت التجربة. وعلني الوحيد الذي يعرف حقيقة ما عاناه مراد الخوري حتى بلغ النجاح. لقد دفع الثمن غالياً إذ تعرض لانتقادات ومضايقات لا تحصى.. همس وغمز وتساؤلات من هنا وهناك.. من يقف وراء مجلس إنماء قضاء عاليه؟
من يمول جريدة "قضاء عاليه"؟
وكأنهم يريدون، في محاولة رخيصة، أن يجهضوا التجربة الرائدة التي أطلقها مراد الخوري بعد أن سخر وقته وماله ليقدم النموذج الرائع في البذل والعطاء..
قال كلمته بجرأة نادرة، خاطب المسؤول، طرح القضايا والحلول وفي قلبه المثقل بالحب والحنين، حمل هم الوطن..
ذنب مراد أنه أحب الأرض التي أعطته النور..
الضغينة لها آباء كثر.. أما المحبة فيتيمة الوالدين وعليها يقع عبء الصراع الطويل..

سنقف إلى جانب مراد.. وسنواجه هؤلاء بالمحبة وهي خير سلاح، لأن المحبة لا تنتصر بغير المحبة كما لا يبصر قاتل النور إلا بذلك النور..

فيا أيها العزيز الحبيب..
إن دعوتك إلى التعلق بتقاليد الماضي وأعرافه للحفاظ على الجبل بتماسكه ومناعته، هي الدعوة ذاتها للحفاظ على كل لبنان في وحدته وسيادته.. فاعلم أيها الحبيب، أن لا خوف على الوطن من التفتت والاندثار طالما أن هناك من يطالعنا، أمثالك، بحقنا في الحياة الكريمة ويعلمنا بالقدوة الرائعة..

بالأمس سقط الشهداء، من هنا وهناك، ورووا الأرض بدمائهم الطاهرة. وقد شُيع الجميع، على اختلاف نزعاتهم وانتماءاتهم، على أنهم رحلوا من أجل أن يبقى وينتصر لبنان.. فالويل الويل لنا جميعاً إذا ما استفاقت أرواح هؤلاء الأبطال لتسأل: ماذا حلّ بلبنان بعد رحيلنا..؟

لعل وحدتنا الوطنية هي الرد الحقيقي عل هذا التساؤل لتعطي لاستشهادهم معنى، وفيها تكمن مسيرة لبنان إلى الغد المشرق..

بوركت يدك المعطاءة أيها العزيز..
فإن الشعلة التي أضأتها في الجبل سيعم لهيبها كل لبنان ولن تحجبها أردية الضباب مهما تكثفت..

وهذا التاج الذي يسطع بناره ونوره لن يمسيَ رماداً مهما طال الانتظار، فإننا ولبنان والنصر على موعد..

المخترع اللبناني كامل الصبّاح..
أعظم المفكرين الرياضيين بشهادة "جنرال إلكتريك"

1998/2/5

تتعاظم التحديات السياسية والاجتماعية بوجه اللبنانيين والعرب ـ في الوطن الأم كما في المغتربات ـ باسم الحضارة المعاصرة التي يحملها الغرب إلى المنطقة العربية ليفرض عليها سيطرته. وباسم هذه الحضارة يسعى بعض الغرب إلى تسليم مفاتيح التكنولوجيا في الشرق الأوسط الكبير إلى إسرائيل. ويقتصر بحثنا على الجانب المتعلق بالأرض اللبنانية مع العلم أن الامتداد الفينيقي الكنعاني شمل معظم ساحل المتوسط من اللاذقية شمالاً إلى عكا جنوباً. ولعل إعادة نشر هذه المعلومات الموثقة تسهم في إطلاق حركة نهوض لبنانية وعربية.

في سياق هذا البحث، من الضروري أن نشير إلى بعض أعمال ومنجزات المخترع كامل الصبّاح، هذه العبقرية العلمية اللبنانية التي ما زالت تتوهج في مجالات العلم والتقنية الغربية الحاضرة، وتتألق في صروح المراكز والمعاهد والجامعات الكبرى، والتي ما زال توهجها ينير سماء الغرب ويفعل ويؤثر في تقدمه العلمي والتقني.

وُلد كامل الصبّاح في مدينة النبطية (جنوب لبنان) في 16 آب/أغسطس 1895، وأنهى دراسته الابتدائية في مدرسة النبطية (1908)، والثانوية في المدرسة الإعدادية السلطانية في بيروت (1914). ثم درس سنة واحدة في الجامعة الأميركية في بيروت

(1914- 1915). ثم دعي للجندية، أثناء الحرب العالمية الأولى، في 21 شباط/فبراير 1916، حيث عيّن قائداً لمفرزة التلغراف اللاسلكي في غاليبولي (تركيا) برتبة ملازم أول.

وبعد انتهاء الحرب عيّن مدرساً رسمياً للرياضيات في المدرسة السلطانية في دمشق في أول نيسان/أبريل 1919. وفي تشرين أول/أكتوبر 1920 انتقل إلى بيروت حيث عيّن مدرساً للرياضيات في الصفوف الثانوية التابعة للجامعة الأميركية. وفي آب/أغسطس سافر إلى الولايات المتحدة الأميركية حيث التحق لمدة قصيرة بمعهد ماساتشوستس الفني لدراسة الهندسة الكهربائية.

وانتقل بعدها إلى جامعة إلينيوس (اوربانا) حيث تخرّج عام 1924 برتبة مهندس كهربائي ممتاز. والتحق كمهندس في شركة جنرال إلكتريك في سكنكتيدي - نيويورك في قسم الأنابيب المفرغة في مختبر البحوث الهندسية.

وانصرف كامل الصبّاح إلى البحوث والدراسات الرياضية الكهربائية والالكترونية وخاصة في ميدان تقويم وتحويل وانعكاس وتعديل وتوزيع التيار الكهربائي. وقد سجلت له مكاتب تسجيل الاختراعات في واشنطن وأوتاوا حتى تاريخ وفاته 80 اختراعاً في حقول الهندسة الكهربائية والالكترونيات من بينها أجهزة مختلفة للتلفزة وبطارية شمسية لتحويل نور الشمس إلى طاقة كهربائية. ويعتبر الصبّاح من رواد وبناة علوم الالكترونيات الحديثة وفيزياء الحالة الصلبة وأنصاف المواصلات. وكانت للنظرية العامة التي وضعها عام 1931 حول التحويل الكهربائي، نتائجها الباهرة في التقنية الكهربائية والالكترونية خلال الحرب العالمية الثانية، حيث قطفت التقنية الأميركية ثمار مخترعات الصبّاح وأفكاره.

وضع الصبّاح مجموعة من الدراسات حول "المحولات الساكنة المتعددة الحلقات والأطوار" نشرتها مجلة "جنرال إلكتريك" كما

أنه مثل شركة جنرال إلكتريك في المؤتمر الكهربائي العالمي الذي عقد في باريس عام 1932 وألقى فيه دراسة حول تأثير المدارات الكهربائية على الأقواس المنعكسة في مقومات القوس الزئبقي. انتخب عضواً في معهد المهندسين الكهربائيين والالكترونيين عام 1929 ورقي إلى رتبة فتى العلم الكهربائي عام 1933.

توفي كامل الصبّاح في 31 آذار/مارس 1935 بحادث تدهور سيارته على طريق سكنكتيدي ـ مالون (ولاية نيويورك) قبل 24 ساعة من الموعد الذي حدده للسفر إلى المملكة العربية السعودية لتجربة بطاريته الشمسية في صحراء الربع الخالي. وقد وصف مدير شركة جنرال إلكتريك المستر ج. غ. مارسي نبوغ الصبّاح في رسالة موجهة إلى والده بقوله:

"إن ولدكم كان يزداد شهرة كمفكر لامع في حل المعضلات الهندسية والرياضية، وإن تقدمه السريع كان يبشر بمستقبل باهر. وقد برهن ولدكم أثناء عمله في شركتنا على أنه من أعظم المفكرين الرياضيين في البلاد الأميركية وأن وفاته تعد خسارة كبرى لعالم الاختراع".

وبعد هذا التقديم السريع لحياة الصبّاح ننتقل إلى إلقاء نظرة عامة على مجالات التطبيقات العملية لاختراعاته وأهميتها في حقول التقنية الغربية الحديثة سواء في أميركا الشمالية أو أوروبا الغربية. ويرى الخبراء الذين تعرّضوا لتاريخ شركة جنرال إلكتريك التقني في النصف الأول من القرن العشرين، أن اختراعات كامل الصباح التي سجلتها الشركة المذكورة واستثمرتها ثم طوّرتها، تعتبر الركيزة الأساسية لتطور التقنية الغربية في المجالات الكهربائية وتقويمها وتحويلها وتوزيعها ونقلها. يضاف إلى ذلك التراث الكبير الذي تركه الصبّاح في شركة جنرال إلكتريك من أساليب وطرق وعمليات وتقنيات هندسية خاصة بفحص وضبط ومراقبة اختبار الأجهزة والمعدات والآلات الكهربائية.

ومن هذه الأجهزة والمعدات نذكر: المقومات والضوابط والحوافظ والمعدلات والعاكسات والمجمعات والمحولات والناقلات والمنسقات والمصححات والموزعات والمثيرات والمفرغات إلخ.. وما تفرع عنها من تطبيقات عملية في إدارة وتسيير وضبط ومراقبة محطات توليد الطاقة. ولا يوجد محطة من محطات توليد الطاقة الكهربائية في العالم بأسره تخلو من هذه الأجهزة والمعدات.

وكل ذلك يؤكد لنا أن الولايات المتحدة والعالم الغربي بأسره مدين للصبّاح وللبنان، الذي انطلق منه كامل الصبّاح، بالكثير الكثير مما ينعم به حالياً من تقدم وحضارة كهربائية وإلكترونية. فالسيارة الكهربائية التي يكثر الحديث عنها في هذه الأيام لحل مشكلة التلوث، هي مشروع من مشاريع الصبّاح حيث كان يعمل جاهداً لإبرازه إلى حيز التطبيق، والبطارية الشمسية التي اخترعها وجرّبها عام 1932 هي اليوم المصدر الرئيسي لتزويد الأقمار الصناعية والمركبات الفضائية (الأميركية والروسية) بالطاقة اللازمة من حرارة الشمس، وليس في العالم اليوم من ناطحة سحاب إلا ولاختراعات الصبّاح فضل في إنجازها. وليس من محطة بث للراديو والتلفزيون أو محطة اتصالات ومواصلات بواسطة الأقمار الصناعية، أو محطة لتوليد الطاقة الكهربائية، إلا ولاختراعات الصبّاح فضل في تسييرها وضبطها.

وقد أصبحت شركة جنرال إلكتريك بفضل اختراعات الصبّاح واستثمارها من أكبر الشركات العالمية، حيث تبلغ مبيعاتها من اختراعاته 40% من المبيعات الكلية. وبلغت مبيعاتها عام 1990 مقدار 34 بليون دولار، بينها 13.6 بليون دولار من عائدات مبيعات اختراعات الصبّاح ومتفرعاتها. وكان الصبّاح قد سجّل في سجلات جنرال إلكتريك حوالي 300 اختراع قبل وفاته عام 1935، ولم تسجل منها الشركة في مكتب تسجيل البراءات

الكندي في أوتاوا سوى 80 اختراعاً، وهي الاختراعات التي استثمرتها حتى الآن، وأما باقي اختراعات الصبّاح ما زالت احتكاراً للشركة وورقة رابحة بين أيديها للمستقبل.

فمن خلال دراستنا لاختراعات الصبّاح يمكن تصنيف الحقول التي تستخدم فيها حالياً إلى ستة أصناف كما يلي:
1ـ محطات توليد الطاقة الكهربائية.
2ـ التلفزة وتطبيقات أنابيب الأشعة الكاتودية.
3ـ أجهزة قياس الحرارة والضغط الالكترونية.
4ـ الصناعة الثقيلة وتطوير طرق جديدة للتلحيم الكهربائي.
5ـ صناعة الفضاء: الأقمار الصناعية والمركبات الفضائية.
6ـ الصناعة الآلية: السيّارة الكهربائية الشمسية.

نزار قباني.. عشق الأحزان وانتفض ثورةً..!

1998/09/25

ألقيت هذه الكلمة في مهرجان إحياء ذكرى الشاعر العربي الكبير نزار قباني بعد مرور ثلاثة أشهر على وفاته، بدعوة من مركز التراث العربي في تورنتو، حيث غصت قاعة المحاضرات في البيت الدرزي بأبناء الجاليات العربية الذين حضروا من تورنتو وضواحيها للمشاركة في إحياء ذكرى شاعر ملأ الدنيا وشغل الناس. وقد توالى على الكلام للمناسبة عدد كبير من متذوقي الشعر والأدب وتحول المهرجان إلى تظاهرة أدبية شعبية حاشدة تركت الوقع الحسن والأثر الطيب في نفس كل من كان هناك..

سيداتي سادتي أسعدتم مساءً..

يسعدني أن أرحب بكم مرة ثانية باسم مركز التراث العربي وان أشكر لكم تلبية دعوتنا إلى هذه الأمسية النادرة التي أردناها مهرجاناً عربياً حافلاً نحيي فيه معاً آثار ومآثر شاعر عربي كبير، لفه الموت وترك لنا من بعده الذكرى..

كما يسرني أن أتقدم بالشكر والتقدير من جميع الأخوة والأخوات الذين توالوا على الكلام.. ومن المؤسسات العربية التي شاركت في إحياء المهرجان وجعلت منه سهرة مميزة. وكذلك لست أريد أن يفوتني التنويه بدور الصحافة العربية التي تواكب مركز التراث العربي منذ نشأته في العام 1995، وأخص بالشكر جريدتي "المستقبل" و"المرآة" من مونتريال و"المغترب" و"عرب ستار" و"أخبار العرب" الصادرة في تورنتو..

أيها الحفل الكريم،
قبل أيام قليلة، قمت برفقة الدكتور بشير أبو الحسن، وهو عضو مجلس أمناء مركز التراث العربي، بزيارة صديق كنت قد دعوته إلى حضور هذا المهرجان الشعري والأدبي. وكان الحديث بيننا يتمحور حول دور مركز التراث في بلاد الاغتراب والبرنامج الذي أعددناه بالتعاون مع مجلس الأمناء لنعمل على تنفيذه في المستقبل القريب. فأبدى صديقنا إعجابه بالمهمة التي نضطلع بها ولكنه اعتذر عن حضور الاحتفال لإحياء ذكرى الشاعر نزار قباني. فلم أعلق على ما سمعت بالرغم أنني استغربت الأمر كثيراً.. وبعد قليل انسحب الصديق من بيننا مستأذناً ليعود وفي يده ورقة المئة دولار وقال على الفور: "أرجو أن تقبلوا هذا المبلغ المتواضع تبرعاً مني لدعم مركز التراث العربي. أما بشأن الحضور إلى المهرجان، أرجو أن تتفهموا موقفي وتقبلوا اعتذاري.. فأنا بصراحة كعربي يشرفني الانتماء، لا أستسيغ حضور مهرجان تكريمي لمن ملأ الدنيا سخرية وشماتة بالعرب.."، وما زاد في استغرابي أنني عرفت بهذا الرجل الصديق تعلقه بالآداب العربية من شعر ونثر حتى أنه لشدة اطلاعه ومعرفته، يكاد لا يحدّث إلا بالشعر والفلسفة.
ومرة ثانية لازمت الصمت ولم أحاول الاستفسار عمّ يجول في داخله واكتفيت بالاستئذان منه والخروج من منزله مع التأكيد عليه بالعدول عن هذا الرفض وقبول الدعوة لحضور الاحتفال. لم يعد بشيء بل أجاب: "خير إن شاء الله".

أما اليوم، فاسمحوا لي أيها السيدات والسادة أن أشكر هذا الصديق مرتين: مرة لأنه أوحى إلي بالكلمة التي سأقولها في هذه المناسبة، ومرة ثانية لأنه فاجأني بالعدول عن قراره وجاء ليحضر المهرجان. وعليه فإنني أقدم له أجمل تحية.

فإلى الصديق العزيز السيد "يوسف أبو طرية"، وإلى جميع الأصدقاء أقول:
إن الشعر العربي، كما نعرف جميعاً، يقوم على خصائص ثلاث: الصورة والخيال والموسيقى:
الصورة تتجلى في دقة الوصف.
والخيال يسبح في فضاء لامتناهٍ، ويجنّح في مبالغات غير محدودة.
أما الموسيقى فيرن جرسها في الوقع والأوزان.
والشاعر في خياله المجنح يشبه رسّام الكاريكاتور إلى حدٍ بعيد. فكلاهما يصوران بالمبالغة معتمدين على ابتكار ذاتي وإن كان مشوِّها للصورة في بعض الأحيان، إلا أنه يخدم الوصف ويطفي الجمال على المعنى والمبنى على حدٍ سواء.
أضف إلى ذلك ما توجبه الأوزان الشعرية والقوافي أحياناً في استعمال بديل للكلمات.. وهكذا فإن الخاصة الأساسية للشعر تكمن في القالب التصويري الذي بدوره يعتمد على خيال الشاعر فيصل إلينا إما إخفاقاً وإما إبداعاً..
ومع نزار قباني، فهناك عوامل أخرى جعلت منه شاعراً مبدعاً مميزاً: الجرأة في التعبير والقدرة على التفلت من طوق المألوف للخروج إلى عالم لا جاذبية فيه لمواربة أو حساسية أو مجاملة..
فنزار، عرف كيف يخلع الستائر ليكشف كل الحقيقة ! وعرف كيف يمسح الرماد عن العيون ليسمي الأشياء بأسمائها دون دجل وتضليل.. وهل في هذا ما يعيبه ليستحق معاتبة أو مؤاخذة..؟

أيها الصديق الكريم، أيها الأصدقاء الأحباء..
لقد آن لنا أن نستفيق من غفوة طالت دهوراً..
لقد آن لنا أن نعترف بمواقف ومآثر غيرت وجه التاريخ..
يجب أن نعرف ونعترف أننا عندما نتكلم عن نزار قباني.. إنما نتكلم عن ثورة عربية متفجّرة منذ ثلاثين سنة..

فنزار لم يستهتر بالشعب العربي وإنما بالأوصياء عليه والغاصبين لحقوقه..
هو لم يثر على الفلاحين المرتبطين بالأرض والتراب، بل ثار على الاقطاع المعربد والمستغل للفلاحين..
هو لم يحقر العمال الصابرين في مصانعهم، بل حقر رأس المال المتحكم برقاب العمال..
ونزار لم يلعن المقاومة الصامدة بوجه العدوان، بل لعن من يتاجر بدم المقاومين وشرف شهادتهم..
وهو لم يرفض السلام الذي يحفظ الكرامة ويقوم على العدل، بل رفض الذل والانهزام والزحف للاستسلام.. إنه القائد لثورة أطفالنا وأجيالنا، في فلسطين وجنوب لبنان، في العراق وفي الجولان، وفي كل محفل دولي يخاطب حقوق الانسان..
إنه المؤمن العارف بأن الحق القومي لا يمكن إثباته بغير القوة، وجاء يقول:

"يا وطني الحزين، حولتني بلحظة..
من شاعر يكتب شعر الحب والحنين
إلى شاعر يكتب بالسكين!"

كذلك ارتضى نزار أن يُلصقَ بالارهاب إذا كانت المقاومة لرد العدوان إرهاباً.. فتمرد وقال:

"متهمون نحن بالارهاب
إن نحن دافعنا عن الأرض
وعن كرامة التراب..
إذا تمردنا على اغتصاب الشعب
واغتصابنا..
إذا حمينا آخر النخيل في صحرائنا..
وآخر النجوم في سمائنا،

وآخر الحروف في أسمائنا،
وآخر الحليب في أثداء أمهاتنا..
إن كان هذا ذنبنا ما أروع الارهاب..!"

فنزار قباني هو لسان كل عربي يتطلع إلى التحرر والانعتاق ويطمح إلى الحرية والانتصار.. إنه شكل من أشكال تراثنا العربي الذي ينفض عن ذاته غبار القنوط واليأس ليشق طريقه إلى العالم بكل صدق وجرأة وعفوية..
فاعذرني أيها الصديق إن أنا خالفتك الرأي، فأنا لا أدّعي العروبة وحسب، بل أعشقها حتى الثمالة وأفديها حتى الاستشهاد على غرار ما فعل شهيدنا الشاعر الكبير.. فحرام أن يُرمى نزار ولو بوردة بيضاء.. ذنبه أنه تحسس آلام الوطن وجراحه.. وبدلاً من أن يستسلم ويرتهن للانهزام، عشق الأحزان وانتفض ثورة تعلن عن وجودها وصمودها حتى النصر..

ولد نزار مرتين: مرة يوم أنجبته أمه ومرة ثانية يوم خرج من رحم الأحزان..

❖

إلى صاحب الغبطة مع أطيب التمنيات..

سلمت هذه الرسالة باليد، إلى صاحب الغبطة البطريرك مار نصرالله بطرس صفير، خلال زيارة الأخير إلى كندا في إطار جولة على الجاليات اللبنانية في أميركا الشمالية خلال شهر آذار من العام 2001. وقد تم اللقاء مع صاحب الغبطة بتاريخ 21 آذار 2001 في فندق شيراتون سنتر ـ تورنتو، بحضور الصديقين السيد وليد الأعور ود. بشير أبو الحسن، حيث نوقشت الخيارات المتاحة للخروج من الأزمة السياسية التي عانى منها لبنان طويلاً والسبل المتاحة لبلوغ الوفاق الوطني وعودة اللحمة بين اللبنانيين.

2001/3/21

حضرة صاحب الغبطة
تحية وطنية صادقة وبعد..

نتطلع إليكم اليوم بإعجاب وترقب كبيرين وأنتم تجوبون البلاد الأميركية لتفقد الرعيّة ولقاء المنتشرين فيها من اللبنانيين الذين هاجروا إلى ما وراء البحار بحثاً عن وطن جديد وعيش رغيد بعد أن ضاقت بهم أرض الوطن واستحارت بطريقهم المحن..
نتطلع إليكم بإعجاب وترقب كبيرين وأنتم تقفون أمام اللبنانيين، على مختلف طوائفهم ومذاهبهم، بمواعظكم الحكيمة، لشرح المسألة اللبنانية التي تتفاقم يوماً بعد يوم وحثهم على الوقوف صفاً واحداً بوجه التحديات الكبيرة التي تعصف بلبنان، في انتفاضة للضمائر وتعالٍ عن الصغائر.. نستمع إليكم ونصغي بنشوة حالمة ونتوسّم الخير الآتي إلينا من البعيد رغم انحسار الآمال في نفوسنا،

ونرى في خطوتكم المباركة ولادة لمشروع وطني كبير يعيد اللحمة بين أبناء الوطن الواحد إذا ما توافرت له الظروف الملائمة.. ونتساءل بلهفة طالب المعرفة التوّاق إلى المزيد..؟
هل يمكن للبنان أن ينهض من كبوته ويستعيد أمنه واستقراره ودوره بدون وحدة أبنائه..؟
وهل يمكن قيام هذه الوحدة بدون العدل والمساواة وتثبيت قواعد الحرية والديمقراطية..؟
وهل يمكن تحقيق العدل والمساواة في ظل النظام السياسي اللبناني القائم على التركيبة الطائفية، وقد ثبت فشله، والذي يشكل السبب الرئيسي لتدهور لبنان وتفكك وحدة أبنائه على مر العصور..؟

فمشكلة الطائفية في لبنان ليست بالأمر الجديد وتعود إلى أكثر من خمسماية سنة إذ تتصل جذورها بفترة قيام الدولة العثمانية وهيمنتها على كامل المشرق العربي مروراً بالانتدابين البريطاني والفرنسي ودولة الاستقلال. وكان المستعمر، في كل عهد، يستخدم ذات الوسيلة في تحريك العصبيات الطائفية وإثارة الأحقاد الدفينة بين الطوائف لإحكام السيطرة على البلاد. ومثله فعل الحكم الاقطاعي الذي أوجده المستعمر حيث حصلت فئة قليلة، من مختلف الطوائف، على امتيازات كبيرة على حساب الغالبية العظمى من اللبنانيين.
وقامت دولة لبنان الكبير يحكمها الاقطاع وأصبحت هذه الدولة فيما بعد جمهورية.
يقول المؤرخ يوسف ابراهيم يزبك: "وهذه الجمهورية هي ذات الجمهورية التي جعلها الميثاق الوطني دولة الاستقلال، ولم تكن في الواقع إلا امتداداً للحكم الاقطاعي فالحكم الاستعماري".
وهكذا ظلّ لبنان، حتى أيامنا هذه، يحكمه الاقطاع الذي يشكل في النهاية الأداة المحلية للمستعمر. وليس الميثاق الوطني سوى "العقد

الاجتماعي" الذي يخوّل رجال الاقطاع قسمة الغنائم وإحكام السيطرة على الامتيازات.

يقولون إن الحروب الطائفية في لبنان، على مر الأزمان، هي من صنع الأجنبي أو المستعمر.. ويقولون إن الحرب الأهلية التي دامت ما يزيد على العشرين عاماً هي حروب الآخرين على أرضنا..

فإن سلمنا جدلاً بهذا التوصيف، غير أن الحرب قد نفذت على أيدٍ محض لبنانية. فكيف نرضى بأن نكون الأداة الطيّعة المنفذة لإرادة الآخرين..؟ إن قولاً كهذا هو أخطر بكثير مما لو اعترفنا صراحة بما اقترفت أيدينا بحق لبنان وتلَونا بعده فعل الندامة..

صاحب الغبطة..

لقد بات مؤكداً لجميع اللبنانيين أن الاستمرار والاستقرار غير ممكنين إلا بنسف التركيبة القديمة واستبدالها بما يتلاءم مع تطورات العصر والقواعد الثابتة المعترف بها دولياً لحقوق الانسان.. فالخطوة الأولى نحو الوحدة والاصلاح تبدأ من هنا.

ومن المؤكد أيضاً لجميع اللبنانيين أن لبنان لا يحكم إلا بالتوازن والمشاركة وأي إخلال بهذه المعادلة يعيدنا إلى نقطة الصفر. وهذا يعني التقهقر والرجوع إلى الوراء.

إن معركة تحرير لبنان التي أطلقتم شرارتها الأولى، لا تقل أهمية ودقة عن عملية تحرير النفس من شوائب الأنانية والجهل والاستعلاء والاستخفاف. ومن هنا كان علينا أن نسير في عمليتين للتحرير متوازيتين: تحرير الانسان وتحرير الأرض والعملية الأولى هي ضرورية لتحقيق الثانية.

ففي تحرير الانسان وانطلاقاً بأن التعايش المسيحي المسلم أمر حتمي لا مفر منه يجب أن نتنبّه إلى النقاط الأساسية التالية:

أولاً: إطلاع المسيحيين على الدين الاسلامي لأنهم يجهلونه وإذا عرفوا عنه شيئاً فقد غابت عنهم أشياء. وكذلك إطلاع المسلمين على جوهر الدين المسيحي الداعي إلى المحبة والسلام. وهكذا بدلاً من أن يتساوى المسلمون والمسيحيون في جهل بعضهم بعضاً دينياً وتاريخياً، يتساوون في المعرفة والانفتاح واحترام البعض لمعتقد الآخر..

ثانياً: إعادة كتابة التاريخ اللبناني بعيداً عن السموم وإثارة الحساسيات الدينية والمناطقية والاقليمية وتعريف الأجيال الطالعة بتاريخ وإنتاج المتفوقين اللبنانيين، الذين أغنوا الحضارة الانسانية بعلومهم وفلسفاتهم واختراعاتهم واكتشافاتهم، لتكون حافزاً لهم على العطاء والإبداع.

ثالثاً: التخلي عن الطوائفية السياسية أو السياسة الطوائفية، وإطلاق الحريات الديمقراطية وإشاعة العدل والمساواة بين المواطنين واعتماد الكفاءات في الوظيفة العامة.

أما في تحرير الأرض، فقد تسهل العملية في ظل تربية وطنية واحدة تعزز الانتماء الوطني والوحدة بين اللبنانيين وتجعلهم يدركون المصير الواحد فلا يترددون في تلبية الواجب. وفي هذه العملية أيضاً نقاط أساسية لا بد من الاشارة إليها:

أولاً: التعاطي مع تطورات المنطقة بصفة الشريك المعني بالمستجدات الأمنية والاقتصادية والاجتماعية وخاصة أننا نواجه عدواً مشتركاً متربصاً بحقنا وأرضنا ولم تنته حربنا معه بعد.

ثانياً: استخدام الصبر والحكمة في القرارات المصيرية وعدم السماح بالحملات الكلامية والاعلامية الناتجة عن الانفعالات والتشنجات لأن مثل هذه الأساليب تفقدنا التوازن وتشجّع أبناءنا على الهجرة. فالتشجيع على هجرة المهارات الوطنية ورؤوس الأموال هو مساهمة مباشرة في تصفية الوطن.

ثالثاً: مواجهة العدو باستخدام شتى أنواع الأساليب المتاحة: كالاعلام السياسي والاعلام الدبلوماسي والمقاومة المسلحة التي هي حق تقرّه جميع الأعراف الدولية. وحدها الارادة الشعبية قادرة على تسيير الأساليب الثلاثة هذه لمواجهة العدو بخطوط متوازية.

سيدي الكريم..

هذا قليل من كثير يمكن إثارته اليوم في مستهل ورشة الترميم وإعادة إعمار الوطن. وما كنا لنرهق آذانكم بمثل هذه المطالب لو لم نلقَ فيكم الصدر الرحب والقلب الكبير..

نتمنى لغبطتكم الاقامة الطيبة بين أهلكم ونتمنى عليكم بعد عودتكم بالسلامة إلى لبنان أن تدعوا إلى مؤتمر وطني يشترك فيه الزعماء الروحيون والزمنيون، على مختلف طوائفهم وانتماءاتهم السياسية (وإن تعذر اجتماعهم جميعاً فبمن حضر)، تتخذ فيه القرارات على أن تكون ملزمة للجميع، والخروج بتوصيات وطنية ممكنة التطبيق على أرض الواقع في إطار من المسؤولية والجدية والرغبة الكاملة في حفظ لبنان وطناً واحداً لجميع أبنائه..

وإذ نأمل أن يتكلل سعيكم بالتوفيق والنجاح.. اقبلوا منا أطيب التمنيات ودمتم ذخراً لنصرة لبنان.

خالد حميدان
رئيس مركز التراث العربي
تورنتو - كندا

هالة سلام مقصود..
ثقل الهموم والتساؤلات

ألقيت هذه الكلمة بتاريخ 20 أيلول 2002 في احتفال تأبيني أقامه مركز التراث العربي في تورنتو ـ كندا، تخليداً لذكرى المناضلة الراحلة هالة سلام مقصود، بحضور زوج الفقيدة الدكتور كلوفيس مقصود، الذي جاء خصيصاً من واشنطن، وحشد كبير من أبناء الجاليات العربية.

الحقيقة هي كما هو معلوم وجود ومعرفة. وجود في الظاهر والباطن، في الشك والسؤال. ومعرفة في وحدانية الحركة والانفعال اللذين يتمخض عنهما الوعي.

وليس الوعي سوى تلك الحالة النفسية التي تخلق الهواجس والمخاوف والطموحات، وتواكب المستجدات في تجارب التاريخ.. هالة سلام مقصود.. أدركت الحقيقة في وحدانيتها وعملت بالفعل والتعبير والإيحاء على استعجال من أمرها لتقطف ما استطاعت وكأنها أيقنت بأن عمراً قصيراً، بما سيجنيه من ثمار، لا يكفي لبلوغ المنتهى..

لم يكن صراعها من أجل القضية العربية، بما يتضمنه من آلام واضطرابات، أقلّ من صراعها مع المرض العضال. فنذرت للأول حياتها وللثاني مماتها ورحلت تاركة العبرة والذكرى والمثال..

إلى أين تسير الانتفاضة وأطفال الكرامة في فلسطين؟

إلى أين يجنح العراق بنسائه وشيوخه وأطفاله الذين يتآكلهم المرض والجوع؟
ماذا تخبىء الأيام للمقاومة الوطنية في لبنان.. تلك المقاومة التي رسمت بدماء شهدائها شكلاً حضارياً للانتصار..؟
هذه المخاوف والهواجس وغيرها كانت شغلها الشاغل. فرحلت حاملة في صدرها ثقل الهموم والتساؤلات وتاركة لنا من بعدها صعوبة الاحتمال وعبء المواجهات..
كثيرون هم الذين يدركون معاناة الوطن في وجودها ولكن ليسوا كثيرين من يدركونها بالمعرفة، أي بالفعل والتفاعل. فهذا يسمى عملاً نهضوياً حياً والآخر مرآة جامدة لا تنبض بالحياة..

يواجه العرب اليوم، في المغتربات كما في الوطن، تحدياتٍ مصيرية لا يمكن الوقوف إزاءها موقف المتفرج المنتظر، إذ كشف المشروع الأميركي ـ الصهيوني القناع عن وجهه، هذا المشروع الذي يهدف إلى السيطرة على المشرق العربي الخازن للنفط والمياه والمعادن.
وما الادعاء بالحرب على الارهاب ورموزه وإسقاط الأنظمة الديكتاتورية سوى ذريعةٍ لكسب الرأي العام العالمي وتبريرٍ لوضع اليد على سائر المناطق النفطية الممتدة حتى الشرق الأقصى، ومن هناك على مناطق النفوذ في العالم.. ويأتي هذا التدبير من وحي السياسة الأميركية المعلنة في منطقة الشرق الأوسط منذ الحرب العالمية الأولى وتطبيقاً لمبادىء الرئيس ويلسن وفي مقدمتها "مبدأ تحرير الشعوب".
فإذا ما عرفنا أن أكثر من 70% من نفط العالم مملوك من الدول العربية والاسلامية، يسهل علينا فهم الحملة المسعورة التي تشنها الولايات المتحدة الأميركية ضد العرب والمسلمين وتصورهم بالارهابيين المتخلفين الذين لا يحترمون الحضارات الغربية ولا

يقيمون وزناً لمبادىء حقوق الانسان.. هو ذات الأسلوب الذي اعتمدته في حربها الباردة مع الاتحاد السوفياتي عندما كانت تستخدم الشحن الطائفي وتصور الشيوعية بالشيطانية المعادية لجميع الأديان السماوية..

إنها حقيقة موجعة للغاية ولكنها تستوجب السؤال: ماذا فعلنا لمواجهة التحدي واستمالة الرأي العام العالمي إلى جانبنا ليقف سداً واقياً بوجه الأطماع والتعديات علينا؟
يتحدث البعض عن ضرورة لإنشاء محطة تلفزة عربية تبث برامجها باللغات الحية لتخاطب العالم في شرح الموقف وإبراز الحق العربي المغتصب. وهنا تراودنا أيضاً تساؤلات عديدة:
هل وحدنا قراءة الأحداث انطلاقاً من وحدة خطابنا السياسي على قاعدة الوعي القومي بآماله وطموحاته؟
هل تخلصنا من عصبياتنا الطائفية والاقطاعية والطبقية؟
هل تجاوزنا حدود المناطقية والاقليمية لبلوغ الوطن في اتساعه وتكامله؟
أخشى ما أخشاه.. إن عدم وجود محطة تلفزيونية أو أي مشروع إعلامي بهذه المواصفات، هو أفضل بكثير من وجوده طالما لم تتوحد، في عالمنا بعد، القراءة الواعية لمجريات الأمور ولم تتحقق بعد وحدة الخطاب السياسي.

إن كل ما يجري حولنا، من ضرب الانتفاضة في فلسطين إلى التهديد بضرب العراق والتلويح بعده بضرب المقاومة في لبنان، يهدف إلى إرباكنا واستدراجنا إلى رهانات ومواقف ليست في مصب حقوقنا ومصالحنا.. فلا خيار لنا سوى العودة إلى قراءة جديدة للمستجدات واستنباط العبر منها والحقائق. بقي أن نجد في عودتنا هذه مساحات خصبة للتلاقي والحوار..

إن ذكرى الراحلة الكبيرة تستوقفنا اليوم لاستذكار الصفاء والوفاء واستحضار العزائم إلى جانب رفيقها المناضل الصديق كلوفيس مقصود ومواصلة الطريق من أجل مستقبل واعد محصن بالمناعة والأمل والوقوف صفاً واحداً بوجه المحن والأعاصير..

هل تتحول الجامعة العربية
إلى منبر لتلاقي الشعوب العربية..؟

بتاريخ الثاني من تشرين الأول / أكتوبر 2003، وبدعوة من السيد محمود الفرنواني رئيس نادي النيل، التقى السيد عمرو موسى، الأمين العام لجامعة الدول العربية، مجموعات كبيرة من أبناء الجاليات العربية في أونتاريو ـ كندا، على عشاء تكريمي أقيم على شرفه في أحد فنادق مدينة تورنتو. وكان لي شرف التكلم في المناسبة باسم الجاليات العربية وتقديم الأمين العام إلى جمهور الحاضرين خلال السهرة بتكليف من اللجنة التنظيمية وقوامها عدد من رؤساء المنظمات العربية العاملة في أونتاريو.

2003/10/2

معالي الأمين العام لجامعة الدول العربية، السيد عمرو موسى
سيداتي سادتي.. أسعدتم مساءً
يسرني لا بل يشرفني أن أقف اليوم لأقدم وقائع هذا اللقاء التاريخي.. لقاء الجالية العربية في تورنتو بأمين عام جامعة الدول العربية معالي السيد عمرو موسى.
وقبل البدء بفقرات البرنامج أستأذنكم لألقي باسمكم جميعاً، تحية وفاء وتقدير للمغفور له الدكتور إدوارد سعيد، المفكر والمناضل العربي الكبير، الذي غيّبه الموت الأسبوع الماضي بعد أن قضى عمراً مليئاً بالعطاء والنضال لتظهير قضية العرب الأولى، قضية "فلسطين"، وإعلاء شأن وكرامة الانسان العربي في سائر المحافل الدولية.. الرجاء الوقوف دقيقة صمت تحية لروحه الطاهرة.

معالي الأمين العام..

أشرت في مستهل كلمتي إلى لقاء اليوم بأنه حدث تاريخي.. لم أقصد المبالغة فيما أشرت إليه، وإنما لأنه قلما يزور الجاليات العربية في كندا، رئيس أو مسؤول عربي لتفقد أحوالها والوقوف على حاجاتها وتطلعاتها ومدى رغبتها في إقامة الجسور بينها وبين المواطنين المقيمين في الوطن الأم.
ومن أجل هذا، فإننا نرحب بك ضيفاً عزيزاً مرتين: مرة لأنك المسؤول العربي الذي يزور الجالية بعد طول انتظار.. ومرة ثانية لأنك محاط بإخوة وأخوات يتطلعون إليك بشوق وإعجاب ويتوقعون منك الكثير..

إن أحداث الحادي عشر من أيلول / سبتمبر شكلت محطة رئيسية ومنعطفاً أساسياً في حياة الجاليات العربية في بلاد الاغتراب وخاصة في كندا والولايات المتحدة الأميركية. فكان على هذه الجاليات أن تتنبه، أكثر من أي وقت مضى، لحقيقة ما يجري حولها من تحديات وتعديات في بعض الأحيان، لتدرك أهمية التضامن والتعاضد في مواجهة المرحلة وإثبات الوجود على الساحة الاغترابية. ومن أجل هذا سعت المؤسسات العربية العاملة في تورنتو، ولا تزال، على مختلف جنسياتها ومذاهبها، وبالتنسيق مع الاتحاد العربي الكندي الذي يعتبر المظلة الاتحادية لها جميعاً، على توضيح الرؤية وبلورة الموقف العربي الموحد في رد الاتهامات الباطلة من أجل تعزيز موقع الجالية داخل المجتمع الكندي وإعادة الثقة والطمأنينة إلى نفوس أبنائها..
ومن البديهي أن يكون للوطن الأم دور في عملية كهذه وموقف واضح يدعم الجاليات المغتربة في رد الهجمات عليها. لكن

وللأسف، هذا ما لم يلمسه المواطن العربي المغترب طوال هذه المرحلة المستمرة وقد يكون الآتي أعظم.

منذ قيام جامعة الدول العربية بعد الحرب العالمية الثانية حتى يومنا هذا والانسان العربي، في الوطن كما في المهجر، يتطلع إلى الاتفاقات والمقررات والتوصيات التي اتخذتها الجامعة والرامية بجوهرها إلى تقريب الشعوب العربية بعضها من بعض وتوحيد الرؤية والجهود على الأصعدة كافة، من اجتماعية وسياسية وعسكرية وتجارية وقضائية. ومثال ذلك اتفاقية الدفاع العربي المشترك واتفاقية التعاون القضائي واتفاقية منطقة التجارة الحرة وغيرها من الاتفاقيات التي تفتح الحدود لتلاقي سائر الشعوب العربية على المصالح العليا المشتركة.

أضف إلى ذلك القرارات العديدة التي أصدرتها الجامعة في مناسبات مختلفة والتوصيات التي كانت تصدر بعد كل انعقاد للقمة العربية وأهمها فيما يتعلق بالعدوان الاسرائيلي على الشعب الفلسطيني في الضفة الغربية وقطاع غزّة والعدوان الأميركي البريطاني المتكرر على العراق وخاصة الغزو الأخير الذي قامت به قوات الاحتلال منذ بضعة أشهر وقد سمي بـ "الحرب من أجل العراق". ونشير هنا إلى الادانة الواضحة التي جاءت في نص القرار الصادر عن مجلس الأمن بتاريخ 2003/3/24 الذي اعتبر العدوان تحدياً لكل القرارات الدولية حيث أن العراق هو عضو في هيئة الأمم المتحدة كما أنه عضو في جامعة الدول العربية.. كذلك اعتبر القرار أن العدوان هو انتهاك لميثاق الأمم المتحدة ومبادىء القانون الدولي وخروج عن الشرعية الدولية وتهديد فاضح للأمن والسلم الدوليين. وقد جاء قرار الادانة هذا بالاضافة إلى الاجماع الدولي على أن الحرب على العراق هو تحدٍ

للرأي العام العالمي الذي يطالب بحل النزاعات الدولية، أياً بالطرق السلمية والاحتكام إلى قرارات الشرعية الدولية..

معالي الأمين العام،

تزدحم الأسئلة والتساؤلات في ضمير كل إنسان عربي مؤمن وقد أخذ المصير العربي منحىً إلى المجهول بعد سقوط أوراق الأمم المتحدة القاصرة في قبضة الوصي القوي. فهل في الأفق من بصيص نور يعيد الثقة والعزم إلى الأجيال العربية في إشراقة أمل جديد..؟

هل تصبح جامعة الدول العربية في عهدكم الميمون منبراً، ليس لتلاقي الأنظمة العربية، التي أثبتت عقمها وكبلت شعوبها في تجارب الماضي والحاضر، بل لتلاقي الشعوب العربية الطامحة للانعتاق من الكبت والتواقة إلى فضاء الحرية والسيادة..؟

تقرير التنمية العربية...
خدمة للعرب أم لأعداء العرب؟

2003/11/12

في إطار برنامج الأمم المتحدة الانمائي، نشر خلال شهر تشرين الأول المنصرم التقرير الثاني للتنمية الانسانية العربية، هذا التقرير الذي يعمل على وضعه نخبة من مثقفي العالم العربي على مراحل أربع بدءاً بالعام 2002 وانتهاء بالعام 2005 بتمويل وإشراف الأمم المتحدة. وأبرز ما يكشفه التقرير هو الحواجز الكثيرة في العالم العربي التي تحول دون عمليات التنمية الانسانية ويلخصها بثلاثة:

أولاً: التضييق على الحريات وأهمها حرية الفكر والتعبير.

ثانياً: عدم تطوير سبل المعرفة.

ثالثاً: حرمان المرأة من ممارسة حقوقها كاملة.

ويخلص التقرير إلى أن هناك هوة واسعة متطردة في المعرفة بين البلاد العربية وسائر دول العالم المتطور مما يستلزم عملاً جاداً وشاقاً لوضع التنمية الانسانية في مسارها الصحيح.

يقول الدكتور كلوفيس مقصود، البروفسور في جامعة واشنطن وهو أحد المشاركين في وضع التقرير: "إن هذا التقرير بما ينطوي عليه من معلومات واقتراحات، هو محاولة جريئة في تجسير آليات الدولة مع مؤسسات المجتمع المدني. وبمعنى آخر هو صرخة للحوار ومبادرة جادة لانفتاح متبادل بين صانعي

الرأي وصانعي القرار". ونورد فيما يلي بعض النتائج والاحصاءات التي وردت في التقرير وتكشف التخلف المأساوي في العالم العربي (من المحيط إلى الخليج).

- يولد التعليم والتحصيل الثقافي التبعية والطاعة على حساب الابداع الفكري.

- تحتوي الجامعات على عدد ضخم من الطلاب ونقص فادح في المختبرات والمكتبات.

- واحد من عشرين طالباً جامعياً يدرس العلوم بمقابل واحد من خمسة في كوريا الجنوبية.

- معدل حيازة الكمبيوتر في العالم العربي هو 18 لكل 1000 من السكان بينما المعدل في بقية أنحاء العالم يصل إلى 78 لكل 1000.

- 1.6 % من السكان العرب يستخدم الإنترنت بينما يستخدمه 79% من سكان الولايات المتحدة.

- رغم أن عدد العرب يفوق الـ 270 مليوناً في 22 دولة إلا أن الكتب الأكثر رواجاً لا تبيع أكثر من 5000 نسخة وأن الكمية المطبوعة من أي كتاب عادي تتراوح بين 1000 و3000 نسخة. والجدير بالملاحظة أن العرب يشكلون 5% من عدد سكان العالم، إلا أن المطبوعات العربية لا تتجاوز 1.1 من الكتب المطبوعة في العالم.

- إن معدل العالم العربي بالنسبة للصحف والمجلات هو 53 صحيفة لكل 1000 مواطن بينما يصل إلى 285 صحيفة لكل ألف في الدول الأكثر تطوراً.

نشر في البيان الصحفي رقم (1) الصادر حول تقرير التنمية الانسانية العربية 2003 بحرفيته: "بعد الحادي عشر من سبتمبر 2001، قدمت الحرب على الارهاب مبرراً واهياً للسلطة في

بعض البلدان العربية للغلوّ في كبح الحريات وربما كان هذا من أوخم العواقب. كذلك السياسات الأمنية والاجراءات الصارمة التي اتخذتها الولايات المتحدة خلال هذه الحملة للتضييق على الحريات وتبنتها عدة أقطار نامية من بينها بلدان عربية، قد خلقت أجواءً وأوضاعاً مناوئة للتنمية البشرية. وقد تبنّت الدول العربية مجتمعة تعريفاً موسّعاً للارهاب على الصعيد العربي في "الميثاق العربي لمكافحة الارهاب". وقد انتقد هذا الميثاق في دوائر حقوق الانسان العربية والدولية باعتبار أن مثل هذا التعريف الموسّع يفتح الباب لإساءة الاستخدام من قبيل السماح بالرقابة، وتقييد الوصول إلى الإنترنت، وتقييد الطباعة والنشر لأية مادة قد تفسّر على أنها "تشجّع الارهاب". كما أن هذا الميثاق لا يحرم صراحة الاحتجاز أو التعذيب ولا يتيح السبيل للاعتراض على قانونية الاعتقال. ويمضي التقرير إلى القول بأن الحكومات العربية تتذرّع باعتبارات الأمن والاستقرار وتتخذ منها مبرّراً لتخوّفها الدائم من مخاطر الحرية.

وفي مكان آخر في البيان الصحفي رقم (9) يوصي تقرير التنمية الانسانية العربية "بإقامة مجال معرفي يجري فيه إنتاج المعرفة بمنأى عن الارغام السياسي مؤكداً بأن إنتاج المعرفة يتعرّض للاستغلال السياسي والتهميش. إن كثيراً من العرب الذين يعملون في مجال التدريس الجامعي أو في مؤسسات البحث يقعون فريسة للاستراتيجيات السياسية والصراعات على السلطة ذلك أن الولاء السياسي ما زال المعيار الرئيسي لإدارة هذه المؤسسات مما يلحق الضرر بالكفاءة والمعرفة على حد سواء. لقد جهدت السلطات السياسية في المنطقة العربية في استدراج الأكاديميين والمفكرين واستيعابهم بقصد الانتفاع بما ينتجونه من أعمال لإضفاء الشرعية على النظام السياسي القائم.

ومن هنا فإن تقرير التنمية العربية 2003 يؤكد أن الانتقال الديمقراطي في الوطن العربي هو من المستلزمات الجوهرية لاستقلال المعرفة، مع التشديد على أن هذا الانتقال يتطلب تضافر الجهود بين القوى الاقتصادية والسياسية والثقافية في المجتمع.

هذا بعض من كثير مما تضمّنه تقرير التنمية الانسانية العربية الذي نشرته الأمم المتحدة بتاريخ 28 تشرين الأول 2003. ونذكر أن الدكتورة ريما خلف هنيدي، الأمين المساعد للأمم المتحدة والمدير الاقليمي لمكتب الدول العربية، وهي صاحبة المبادرة في إصدار هذا التقرير، قد قدّمت نسخة من التقرير إلى السيد عمرو موسى، أمين عام جامعة الدول العربية، ليصار إلى بلورة المطالب التي جاءت فيه (على حد قولها) والعمل ما أمكن على تحقيقها. ولمداخلة هذا التقرير ومناقشته سنحتاج إلى مساحات كبيرة لا تتسع له مساحة هذا المقال.. وسنكتفي بتسجيل بعض الملاحظات حول ما ورد في بيانات القيّمين على هذه الدراسة ـ التقرير.

أولاً: من حيث المبدأ، فإنه من الضروري جداً القيام بدراسة من هذا النوع للوقوف على أهم الثغرات الكامنة في العالم العربي التي تحول دون تقدمه إلى مصاف الدول النامية لا بل معرفة الأسباب التي تشدّ به إلى التخلف والرجعية. أضف إلى ذلك أنه لا تكفي الاشارة إلى النقص والعلة دون تقديم الحلول الممكن تحقيقها على الأرض والناجعة لكل المعضلات.

ثانياً: يجب أن يتم مثل هذا العمل على صعيد جامعة الدول العربية وليس على صعيد الأمم المتحدة التي أصبحت اليوم أداة طيّعة بقبضة الأوصياء الطامعين بثروات العالم العربي والذين سيستخدمون التقرير ورقة رابحة لتبرير كل تدخل بالشؤون

العربية، بوجه الرأي العام العالمي، مثل تبرير الحرب على العراق بقصد تحرير الشعب من براثن النظام وإشاعة الديمقراطية وإطلاق الحريات. وهذا "التحرير" يمكن أن يتكرر في سائر الدول العربية "لإشاعة الأمن والحرية والديمقراطية" طالما ان تقرير التنمية الانسانية العربية الذي صدر بإشراف الأدمغة العربية وبأقلام عربية يوصي بذلك ويؤكد على وقوف الأنظمة العربية بوجه التقدم والتنمية بمصادرتها للحريات ورقابتها على سائر النشاطات الفكرية والثقافية.

ثالثاً: تبدو التناقضات واضحة في التوصيات المقدمة في التقرير التي لا يمكن وصفها بالحلول الجذرية وإن كانت تصح تسميتها بالتمنيات المثالية، حيث يؤكد التقرير على ضرورة قيام مجال معرفي بمنأى عن السلطة السياسية ثم يقترح تضافر الجهود الاقتصادية والسياسية والثقافية لتحقيق الانتقال الديمقراطي في الوطن العربي أي يعترف بضرورة التعاون مع السلطة السياسية ثم تقديم التقرير إلى جامعة الدول العربية للعمل بموجبه وكأن الجامعة، التي هي مرآة للأنظمة العربية، سلطة خارجة عن هذه الأنظمة أو أنه يمكنها فعل شيء يخالف إرادة تلك الأنظمة. وتقديرنا الشخصي أن هذه التوصيات المتناقضة أدرجت في التقرير بسرعة وارتجال لإتمام الحلقة الثانية من التقرير وتقديمها في الموعد المحدد لها.

رابعاً: إذا سلمنا جدلاً بما اقترحه الدكتور كلوفيس مقصود بأن هذا التقرير ينطوي على محاولة جريئة في تجسير آليات الدولة مع مؤسسات المجتمع المدني أي تبنّي الدول لمخزون الفكر الداعي إلى الانعتاق من حالة التهميش وإطلاق الحريات وإشاعة الديمقراطية والعدالة الاجتماعية والاقرار بحقوق الانسان، فهذا إقرار بوجوب التعاون مع السلطة السياسية. فهل يمكن ذلك وقد

أكد التقرير على تضرر الأنظمة العربية من كل عمل إنمائي شعبي..؟
قد يكون ذلك ممكناً في جمهورية أفلاطون "المدينة الفاضلة" ولكن ليس في مملكاتنا وإماراتنا وقصور رؤسائنا. وإن كان لأحدهم أن يمد الجسور الانمائية والانسانية مع شعبه فإنه سيثير غضب الوصي الجبار الذي ولاه علينا فيعمل هذا الأخير على اقتلاعه ووصمه بالارهاب..!!
يبقى أن نسأل: نشر تقرير التنمية الانسانية العربية.. أهو خدمة للعرب أم لأعداء العرب؟؟

سأختم هذه المقالة بدون تعليق أو تقديم جواب على السؤال، وإنما باستعارة من كتاب "طبائع الاستبداد" لعبد الرحمن الكواكبي، وقد أورده البيان الصحفي رقم (8) حول تقرير التنمية الانسانية العربية 2003 حيث يقول:
"ألفنا أن نعتبر التصاغر أدباً، والتذلل لطفاً، وقبول الاهانة تواضعاً، والرضا بالظلم طاعة، والاقدام تهوّراً، وحرية القول وقاحة، وحرية الفكر كفراً، وحب الوطن جنوناً، ترضون بأدنى المعيشة عجزاً تسمّونه قناعة، وتهملون شؤونكم تهاوناً وتسمّونه توكلاً، تموّهون عن جهلكم الأسباب بقضاء الله، وتدفعون عار المسببات بعطفها على القدر، ألا والله ما هذا شأن البشر.."

لفهم ما نقرأ.. وليس لقراءة ما نفهم.!

نشرت هذه المداخلة في جريدة "الجالية" الصادرة في تورنتو ـ كندا بتاريخ الأول من آذار 2004 لمناسبة الذكرى المئوية الأولى لولادة أنطون سعادة، باعث النهضة القومية ومؤسس الحزب السوري القومي الاجتماعي.

الأول من آذار 2004

في الذكرى المئوية الأولى لباعث النهضة القومية الاجتماعية، تبدو أهمية العودة إلى فكر سعادة أكثر من أي وقت مضى بعد أن جُرّت الويلات على شعبنا وبلادنا في مطلع الألفية الثالثة، باستخدام آليات مستحدثة متطورة أخطر من سابقاتها ونقل خرائط مسح جديدة ترسم معالم انكفائنا وانهزامنا ما يهدد معها وجودنا وحدودنا على حد سواء.

وكما في الأول من آذار من كل سنة، لا شك وأنه تعقد الحلقات الاذاعية داخل الصفوف الحزبية، في الوطن والمغتربات، في محاولة تقييمية للعمل والممارسة الحزبيين مقارنة بما جاء في تعاليم سعادة. وغالباً ما تكون التوصيات، أياً كان التقييم، بالعودة إلى "الزعيم" لمواجهة التحديات والأزمات التي تعصف بمسيرة النهضة وإيجاد الحلول اللازمة لكل المعضلات القومية على امتداد الوطن. والاشارة إلى الزعيم في هذا السياق، لم تعد تعني شخص أنطون سعادة وحسب وإنما كل ما يتصل به من فكر فلسفي ونظرة إلى الحياة والكون في إطار تعاليمه القومية الاجتماعية.

أما التوصية بالعودة إلى "سعادة" او "الزعيم"، يجب أن تعني وجوب الحذر وعدم الوقوع في أفخاخ المصطلاحات اللغوية التي باتت اليوم تحمل أكثر من معنى في فوضى المفاهيم المستوردة، وبالتالي الحرص على فهم المدلول الذي تحمله الكلمة المستعملة بالقصد والمقدار الذي أرادهما صاحبها.

في استخدام كلمة "الزعيم"

ثمة من ينتقد كيف يلقب سعادة بالزعيم ويقبل القوميون الاجتماعيون بأن يكون الزعيم وحده صاحب السلطتين التشريعية والتنفيذية من غير أن يكون له نائب أو حتى مجلس استشاري. ويخلص هؤلاء إلى القول بأن هذا وإن دلّ على شيء فعلى فردية استبدادية وديكتاتورية في القرار والاجراء!. والحقيقة أن مثل هذا الادعاء - الافتراء هو بعيد عن الواقع لأن السلطة المطلقة للزعيم كانت "الضمان الوحيد لسلامة هذا الحزب في انطلاقته وهو الذي يمثل نهضة الأمة السورية" وقد بايعه القوميون عليها بقسم صريح. أضف إلى ذلك أن كلمة "زعيم" التي أطلقت على سعادة لم يقصد بها لقب الشرف والقيادة فحسب، كما يظن البعض، ذلك أن المصدر اللغوي لكلمة "زعيم" هو فعل "زعم" أي قال شيئاً لم يقله غيره. ويقال "أزعم فلان إليه" أي انقاد إليه وأطاعه.. لعل استعمال لقب "الزعيم" جاء تطبيقاً لهذه القاعدة اللغوية بما يتلاءم مع الحقيقة والواقع حيث أن سعادة هو وحده من "زعم" بالتعاليم القومية الاجتماعية دون سواه، وجعل منها مبادىء الحزب الذي أسسه فيما بعد ليصبح زعيم الحزب السوري القومي الاجتماعي، هذا الحزب الذي يعتبر الآلية البشرية لحركة النهضة التي أطلقها سعادة بعد أن ثبتت له التعاليم السورية نتيجة البحث والتنقيب والدراسة. ومن البديهي ألا يكون له، في عملية الكشف هذه، نائب أو مجلس إستشاري، فالزعامة هنا (في مدلولها اللغوي المشار

إليه) هي صفة شخصية محضة تتعلق بفعل "الكشف" للتعاليم وليست رتبة إدارية يمكن الانابة فيها..

قد يعترض البعض على هذا الرأي ليقول: بل كان الأمين عبد الله قبرصي نائباً للزعيم في وقت من الأوقات، والأمر ثابت في ما أورده الأخير في مذكراته أو ذكرياته (كما يحب أن يسميها) "عبد الله قبرصي يتذكر"..

مما لا شك فيه، أن المذكرات قد تضمنت الرواية في عديد من فقراتها، كما أنها جاءت على لسان الأمين عبد الله في أكثر من مناسبة، وبحضور "الداعي" شخصياً في أكثر من مرة. وفيما يلي نموذج عنها ورد في كلمته في انطلياس يوم كرمته الحركة الثقافية بتاريخ 4 آذار 1991 حيث يقول: "في الحزب، كنت أنا أول عميد للاذاعة ثم أول نائب للزعيم، ولقد اشتركت مع سعادة في صياغة دستور الحزب، كما دخلت معه سجن الرمل على أثر انكشاف حزبنا بتاريخ 16 تشرين الأول 1935 ليلة عرسي، فتزوجت السجن عوضاً عن عروسي جورجيت بربر!".. (تم زواجه بعد أسبوع في 24 تشرين الأول فور خروجه من السجن). وعن كيفية خروجه من السجن في ذلك اليوم بالذات، يورد عبد الله قبرصي نموذجاً آخر عن الرواية (المذكرات، الجزء الثالث ص. 227)، إذ يقول: "وخرجنا من السجن بكفالة، وكنت أخفي تحت بطانة "الجاكات" مرسوماً بتعييني زعيماً بالوكالة. وكانت الأوامر.. إلخ".

لقد كان الأمين قبرصي محل انتقاد بعض الذين لم يرق لهم هذا التعيين مما اضطره إلى الرد في فقرة من المذكرات وبطريقة غير مباشرة، على المنتقدين والمشككين الذين تساءلوا كيف لم تحفظ نسخ من مرسوم التعيين في سجلات الحزب، خاصة أنه المرسوم الوحيد الذي صدر عن الزعيم بتعيين نائب له (على حد قوله)، فيقول قبرصي: "كانت النسخة الوحيدة من المرسوم بحوزة

عروسي جورجيت وقد مزقتها وأتلفتها خوفاً من انتقام السلطة، إذا ما داهمت بيتنا وعثرت عليها، بعد اعتقالنا وإدخالنا إلى السجن ليلة السادس عشر من تشرين الأول"..
وعطفاً على هذا الاعتراض، لا أريد أن أذهب بعيداً في التعليق والتدقيق والاستنتاج ولكنني سأشير إلى نقطتين رئيسيتين:

أولاً: لقد أورد الأمين عبد الله في كثير من فقرات المذكرات الاشارة إلى تعيينه نائباً للزعيم تارة وزعيماً بالوكالة تارة أخرى، وشتان بين التسميتين لأنه تتوافر صفة الديمومة في الأولى والصفة المؤقتة في الثانية. ويبقى الأمر غامضاً لعدم توافر نسخ من مرسوم هذا التعيين.

ثانياً: لن نتوقف عند الاشكالية التي وقعت حول مرسوم التعيين بحد ذاته، بل إننا نعتبر بأنه صدر مرسوم تعيين الأمين عبد الله نائباً للزعيم أو زعيماً بالوكالة.. لا فرق. فنحن لا نشكك أبداً بنزاهة الرجل ولا بسيرته النضالية الطويلة التي عشق فيها الحزب والعقيدة وقاسى متاعب السجن والنفي والتشرد من أجلهما.. بل نرى (خلافاً لما يعتقده كثيرون) بأن المقصود بهذا التعيين، أن ينوب عن الزعيم بصفة هذا الأخير الادارية أو التراتبية وليس بصفته الشخصية الابداعية كمستنبط للتعاليم وباعث للنهضة القومية الاجتماعية حتى ولو شارك الزعيم في صياغة دستور الحزب. فصياغة الدستور عمل قانوني يدخل في الشكل وليس في مضمون الابتكار والابداع. إذن من البديهي، وقد أوضحنا الفرق، ألا يكون للزعيم نائب كما مر معنا..

في التعاليم والمبادئ

أول ما يطالعك وأنت تقرأ سعادة في هذا الكتيب الصغير الحجم، الذي يسمّى بـ "كتاب المبادئ"، أنه جاء بعنوانين إثنين بالترتيب

التالي: التعاليم السورية القومية الاجتماعية ـ مبادئ الحزب السوري القومي الاجتماعي. ويتضمن الكتاب المبادئ الأساسية والمبادئ الاصلاحية للحزب. أما وضع عنوانين لهذا الكتيب (التعاليم أولاً والمبادئ ثانياً) لم يكن من باب الصدفة. فقد أراد سعادة ان يثبت بأنه استنبط هذه التعاليم من واقع الأمة السورية بعد الدراسة والتنقيب بما يتلاءم مع نظرية "نشوء الأمم" التي وضعها في كتاب مستقل. ومن أجل تطبيق هذه التعاليم في دورة الحياة السورية، جعلها مبادئ حزبه فأصبحت بالتالي مبادئ الحزب السوري القومي الاجتماعي.

وإنني إذ أشير إلى هذا الفارق بين التعاليم والمبادئ (وهي ذاتها في النهاية) فلتبيان القصد والتأكيد على ما أراده "الزعيم"، أي أن التعاليم القومية الاجتماعية هي ملازمة للأمة السورية قبل تأسيس الحزب وأن الحزب وُجد لخدمة هذه التعاليم ـ المبادئ التي تشكل العقيدة القومية الاجتماعية بخلاف ما هي عليه كثير من الأحزاب التقليدية القائمة التي تذهب بالتفتيش عن عقيدة تكون علة لوجودها واستمرارها على الساحة السياسية.

في الانسان ـ المجتمع

إن نظرة سعادة إلى الانسان تختلف كلياً عمّا سبقها من نظريات، فهي فتح فلسفي جديد يرفع موضوع الانسان من سفسطة الجزئيات إلى فلسفة الكليات. يقول سعادة "إن عقيدتنا تقول بحقيقة إنسانية كلية هي الحقيقة الاجتماعية. الانسان الحقيقي هو المجتمع لا الفرد. وإن الفرد هو مجرد إمكانية إنسانية". وهكذا فإن اعتبار الفرد إمكانية إنسانية، لا يسقط عنه الحقيقة الانسانية الكلية ولا يرمي به إلى العدم كما يريد أن يستنتج البعض، بل على العكس فإنه يرفع به من حدود فرديته وإمكانيتها المحصورة، إلى فضاء اجتماعي رحب منفتح على الكون.

في المجتمع والمجموع

المجتمع كما عرّفه سعادة في كتاب "نشوء الأمم" هو غير المجموع الذي يعني مجموعة عددية من الناس على أرض معينة ضمن زمن محدود. فالمجتمع هو وحدة الحياة (أي وحدة الانسان ـ المجتمع) المستمرة في بيئة جغرافية معينة تفاعلت عليها ومعها، فاكتسبت خصائص تميزها عمّ سواها. إذن المجتمع هو وحدة الحياة الانسانية الكلية الشاملة في استمرارها اللامتناهي وليس عقداً اجتماعياً أو كائناً حاصلاً برغبة الأفراد. إنه واقع حياتي لا إرادة لنا فيه، "فلا يختار الفرد مجتمعه كما أنه لا يختار أبويه" (سعادة، نشوء الأمم).

في "من نحن" وكانت بداية الصراع

"من نحن؟" كان أول سؤال يطرحه سعادة على نفسه بعد أن شاهد الويلات التي خلفتها الحرب العالمية الأولى على أرض بلاده. وتوصل إلى الجواب بعد دراسة طويلة معمقة "نحن سوريون" وكان المبدأ الأساسي الأول للحزب الذي أسسه فيما بعد "سوريا للسوريين والسوريون أمة تامة". وفي هذه المرحلة من التاريخ كانت الأمراض متفشية في المجتمع السوري كالعبودية والاتكالية والاستسلام لمشيئة الغرب الفاعلة. فدق سعادة ناقوس الخطر مشدداً على ضرورة الوعي القومي ومواجهة الفساد والغزاة بقوة الصراع الحر مؤكداً على أن تسامي الحياة لا يتم إلا بحرية صراعها. هذا من ناحية، ومن ناحية أخرى فإن الاجابة على سؤال "من نحن" تبرز حدود الوطن وتحدد إطار الأمة في حقوقها وواجباتها وتكشف عن مكامن الحق والخير والجمال فيها.. إن الوعي القومي الذي كان يرمي إليه سعادة ليس ليتوقف عند كشف "من نحن" بل ليتعداه إلى كشف "من هو العدو" أيضاً بعد أن

اختلطت الأوراق في طول البلاد وعرضها واندثرت المفاهيم في مهب الانقسامات والانحرافات..

في القومية الاجتماعية وجبهة العالم العربي

كثيراً ما يصادفنا في قراءاتنا لكتاب وصحافيين مشهورين استخدام كلمتي "قومية" و "وطنية" في غير محلهما، إذ يراد بـ "الوطنية" نسبة إلى الوطن ـ الكيان وبـ "القومية" نسبة إلى الوطن الأكبر (السوري لدى البعض والعربي لدى البعض الآخر). والحقيقة ـ وهذا أغلب الظن ـ أن هذه الألفاظ تستعمل عن جهل لمضمونها وتمشياً مع الموضة السائدة في الأبحاث والمعالجات السياسية غير الدقيقة. ويفسر هؤلاء مفهوم "القومية" بمنظار مختلف عن تفسير سعادة كمن يتحدث عن مبدأ القوميات وكأنه نظام سياسي أو عقد قانوني قائم بين دول مختلفة لكنها متجانسة في اللغة والدين والتاريخ والعادات والتقاليد.

أما في مدرسة سعادة، فإن القومية الاجتماعية هي الادراك الذاتي للأمة أو التنبه النفسي لوحدة الحياة الفاعلة على واقع بيئي متمايز يسير بحركة النهضة نحو الأفضل. فالقومية ليست أداة تستخدمها الشعوب أو نظاماً يتفق على العمل بموجبه، وهي ليست اتفاقاً أو معاهدة بين أطراف. ومن المؤسف أن نجد في صفوف القوميين كتاباً معروفين كانت لهم محاولات في شروح العقيدة القومية الاجتماعية، يقولون ما حرفيته: "لو كان سعادة على قيد الحياة في أيامنا هذه، لعدّل كثيراً من فكره وتوسع مفهومه للقومية ليشمل العالم العربي بأسره".

قول سطحي وغير مبرر في آن معاً، وإن أطلقه أصحابه بقصد المجاملة لمجموعة سياسية أو دينية متنفذة. إلا أن السبب الحقيقي لمثل هذا الهذيان، بنظرنا على الأقل، هو عدم قراءتهم لما كتب سعادة أو عدم فهمهم لما يقرأون.. وهذا هو أغلب الظن!.

إن أسوأ ما يصاب به الفرد هو التعصب العاطفي السطحي للوهم (الديني غالباً). وأهم مظاهر هذا التعصب هو تسخير العلم لتدعيم هذا الوهم. قال سعادة بإقامة جبهة العالم العربي لتكون سداً منيعاً بوجه المطامع الاستعمارية. فهو يؤكد دون أدنى شك على وجود الروابط المميزة بين الأمة السورية وأمم العالم العربي لا بل المصالح المشتركة والتحديات المشتركة. ويخلص بنتيجة هذا إلى التأكيد على أن الوحدة القومية لا تتحقق إلا في الجسم الواحد بينما يقوم الاتحاد بين عدة أجسام مختلفة بسبب المصالح والأهداف المشتركة. ولم يجد مانعاً في أن يقوم اتحاد أو جبهة العالم العربي لدرء المخاطر المشتركة وتقوية النظام الاقتصادي في مواجهة السوق الغربية التي تخطط اليوم لكي تصبح السوق الأحادية في عالم العولمة. إلا أن هذا لا يوجب برأي سعادة أن يحصل الإلغاء للشخصية القومية التي تشترك في الاتحاد أو الجبهة. والاتحاد الأوروبي اليوم هو خير دليل على ما قاله سعادة قبل سبعين عاماً. فبالرغم من قيام الاتحاد بين الدول الأوروبية وتوحيد النقد وأثمان السوق وإقامة المجلس الاتحادي، فلا تزال البلدان المكونة للاتحاد محافظة، كما في السابق، على هويتها الوطنية وشخصيتها القومية وتراثها الحضاري. وحتى المواقف السياسية لهذه الدول الأعضاء، قد تلتقي كما أنها قد تختلف، من غير أن تمس بهيكلية الاتحاد أو أن تصيب أعماله بالشلل.

لن أتوسع هنا في معالجة ظاهرة القومية العربية التي قامت في بعض بلدان العالم العربي وإن كنت سأشير إلى أن هناك توافقاً بين الدارسين والمفكرين على أن العالم العربي يتألف من مجتمعات عربية أربعة أو أمم عربية أربع: المشرق العربي، المغرب العربي، وادي النيل والصحراء العربية. وإن الكلام عن وحدة عربية أو المزايدة فيه لا يفيد بشيء وإن كنا من دعاة قيام الاتحاد العربي (على غرار الاتحاد الأوروبي) مع الاشارة إلى أن الوحدة

غير الاتحاد. فالوحدة تقوم في المجتمع الواحد أي بين أعضاء الجسم الواحد، بينما يقوم الاتحاد أو الجامعة بين عدة مجتمعات ـ أي بين عدة أجسام ـ لأنها تشترك فيما بينها بقواسم ومصالح مشتركة، وهذه هي الحال بين أمم العالم العربي. وحتى في هذه الحال، لا يمكن للاتحاد أن يقوم إلا بشروط قانونية واضحة، شأنه شأن العقود القانونية الأخرى التي يلزم لقيامها توافر شروط ثلاثة:

1ـ أهلية التعاقد.

2ـ الإرادة الحرة للمتعاقدين.

3ـ مشروعية الموضوع المتعاقد عليه.

من المؤسف أن يجنح البعض إلى الادعاء بالقومية الكيانية (اللبنانية أو الفلسطينية أوالشامية.. إلخ) تارة وبالقومية العربية طوراً واعتبار العالم العربي كله أمة واحدة، من غير الرجوع إلى المبادىء والقواعد العلمية والتاريخية في تحديد الانتماء القومي. فقد تأثر هؤلاء، ولا شك، بالنزعات الدينية التي تعتبر الدين عنصراً أساسياً في نشوء الأمة بالاضافة إلى اللغة..

وإلى جانب هذا الانصراف عن الحقيقة القومية بسبب الدين أو الانسياق وراء الدعوات والعصبيات الطائفية، فإن هناك انحرافاً لدى البعض من نوع آخر، ينجم عن وهم "الاعتداد بالذات" (بما يتفق مع المصالح الشخصية أو العشائرية أو السياسية، إلخ..) بحيث يعمل هؤلاء في محاولة توفيقية سطحية، للابقاء على فلسفة سعادة (حفاظاً على ماء الوجه)، ولكن بشروحات أو افتراضات مختلفة. ويؤكدون، لكي لا يقال أنهم تخلوا عن فكر باعث النهضة القومية، أنه لو قدر لسعادة أن يكون حياً اليوم، لوافق على الأفكار التي يطرحون..

ومن هذه الأفكار ما جاء في محاضرة للصحافي الكبير غسان تويني، صاحب جريدة النهار اللبنانية، في هذه الذكرى المئوية

الأولى لولادة سعادة، حيث قال: "ليس ما يمنع أن تخرج النهضة من الاستنقاع في مناقشة الهوية القومية لتتحرك في اتجاه اتحادي، قبل أن يداهمنا التبعثر التقسيمي في لبنان وسواه..". ثم يضيف: "وبتعبير أوضح، لماذا لا يقلب القوميون طاولة العلاقات اللبنانية ـ السورية الموصوفة زوراً بالممتازة، فيعملون على قيام اتحاد اقتصادي بين الجمهوريتين.. وما دام ميثاق الجامعة العربية ينص على اتحاد اقتصادي شامل ندرسه منذ سنوات طوال واستحال تنفيذ أي شيء منه، فلماذا لا نفتح باب الاتحاد السوري ـ اللبناني فوراً أمام الأردن، ثم العراق بعد استقراره، فالدولة الفلسطينية عند إنشائها، وفي مرحلة لاحقة أمام الكويت". أما من ناحية المبادىء الاصلاحية، فاعتبر تويني أن "فصل الدين عن الدولة، هو المبدأ الانقاذي الأمثل لبلادنا العربية بدءاً من لبنان ووصولاً إلى المغرب.. فهذا المبدأ قادر على علمنة الدولة بحيث تصبح معه الكفاءات، لا المحاصصات الطائفية والمحسوبيات، قواعد الادارة والتعليم والتنمية..".

وكأني بالاستاذ الكبير غسان تويني، عن قصد أو غير قصد، يدخل نفسه بالتناقضات الفكرية التي تدلّ بشكل واضح على أنه لم يكن يوماً مؤمناً بالعقيدة القومية الاجتماعية بالرغم من أنه كان من بين الأوائل الذين عملوا في صفوف الحزب.. هذا مع احترامي وتقديري لما هو عليه من مكانة مرموقة في عالم الكلمة والصحافة على امتداد عقود من الزمن..

أولاً: كيف يمكن له أن يتصوّر أن تتحرك النهضة القومية في اتجاه اتحادي إذا كانت جاهلة لحقيقة هويتها وانتمائها الوجودي، وبمعنى آخر إذا كانت تدور في الفراغ..؟ وإذا كان هناك تخوف من التبعثر التقسيمي كما يذكر، فإن حركة النهضة لن تفعل شيئاً في دائرة الفراغ، فضلاً عن أن التبعثر التقسيمي حاصل منذ

الحرب العالمية الأولى.. هلا سألنا أنفسنا عن آثار التقسيم التي أحدثتها اتفاقية "سايكس ـ بيكو"..؟

ثانياً: كيف يريد الأستاذ تويني أن يقلب القوميون طاولة العلاقات اللبنانية ـ السورية لاستبدالها باتحاد اقتصادي بين البلدين.. ثم فتح باب الاتحاد أمام الكيانات المجاورة..؟ وكأنه يقول للقوميين: إن لم يكن ما تريدون فأردوا ما يكون أو اقبلوا بالاتحاد إن كنتم لا تستطيعون الوحدة (أي القبول بالأمر الواقع). لا بأس.. ولكن هل للقوميين رأي في هذا..؟ وإذا حصل، فالقوميون الاجتماعيون (الذين يفهمون ما يقرأون) على غير ما يظن تويني، سيعملون على بلورة دورة الحياة الواحدة داخل المجتمع الواحد، هذا المجتمع الذي لا يمكن أن يتحقق بغير الوحدة، ولن يقيم القوميون إرضاءً للأستاذ تويني، أي نوع من أنواع الزيف والتضليل..

ثالثاً: يعزز غسان تويني طرحه بميثاق الجامعة العربية الذي ينص على أن يقوم اتحاد اقتصادي شامل بين الدول العربية. ويرى في هذا النص دعماً لفكرة قيام الاتحاد الذي يدعو إليه خاصة أنه "استحال" تنفيذ أي شيء من ميثاق الجامعة حتى اليوم.. باختصار نقول أنه لو كانت الغاية من قيام الجامعة العربية ترمي إلى تحقيق اتحاد الدول العربية وتأمين مصالحها الاقتصادية، لما تم تأسيسها أصلاً، ذلك أنها قامت بوصاية بريطانية وتعمل منذ نشأتها تحت المراقبة. وبالتالي، فإن استحال تنفيذ أي شيء في السابق، كما تذكر المحاضرة، فليس ما يبشر اليوم بزوال الاستحالة..

رابعاً: التركيز على المبدأ الاصلاحي القائل بـ "فصل الدين عن الدولة" واعتباره المبدأ الانقاذي الأمثل، هو ولا شك اعتبار وجيه من حيث المبدأ. غير أن انتظار رواجه وتطبيقه في الكيانات (كما ورد في محاضرة تويني)، تجعله في غير محله الطبيعي ـ أي غير قابل للتطبيق، ذلك أن الهدف الأساسي من التقسيم كان لتسهيل السيطرة الأجنبية على سائر الكيانات التي خرجت بالتقسيم وقد

استعان المستعمر بأمراء الطوائف المحليين للسيطرة على هذه الكيانات. ومن الطبيعي في هذه الحالة، أن تقوم الأنظمة على أساس الدين وأن تنشط الحركات الطائفية بتغذية من المستعمر ليكون هذا الأخير ممسكاً بفتيل الفتنة كلما دعت الحاجة. وهل يعقل في مثل هذه الأجواء أن يُطالب القوميون بفصل الدين عن الدولة بمعزل عن المطالبة بالوحدة الطبيعية للكيانات المقسمة واسترجاع الحقوق القومية التي اغتصبها أعداء الأمة نتيجة التقسيم والتفتيت والبعثرة..؟ وهل يمكن عملياً، لو طالب القوميون، أن يتم فصل الدين عن الدولة في ظل الأنظمة الطائفية القائمة التي تغذيها وتحميها قوى الاستعمار..؟

خامساً: يقول تويني في ختام محاضرته: "لا يكون إرث سعادة حياً ومتطوراً إذا اكتفى الورثة بالحفاظ على الجوهر الأصيل، ولم يبرمجوا نهضويتهم لتنسجم مع وقع التاريخ المقبل". وهو يقصد ألا يتعلق القوميون بعبادة الماضي "الوثنية" بل الانتقال إلى تطوير "فكر سعادة" تمشياً مع حركة التطور والتاريخ..

تبدو دعوة الاستاذ تويني لأول وهلة جديرة بالاهتمام والدرس الجدي لاستخلاص المعنى الحقيقي لـ "حركة التطور والتاريخ". ولكن، على ضوء ما تقدم من أسباب موضوعية، سرعان ما يثبت لك عدم الجدوى من هذا الطرح غير الموضوعي الذي يقوم على السطحية والارتجال والتحريض على القبول بالأمر الواقع.. لذلك نؤكد بكامل الثقة والاقتناع والمسؤولية، ومن غير أن نكون في الصفوف الحزبية، بان القوميين يميلون إلى التجديد والتطوير أكثر من أية مجموعة عقائدية أخرى، بدليل الاختراق المتطور والمتقدم الذي أحدثه سعادة في صلب الأجواء التقليدية التي كانت سائدة في عصره. إلا أنهم لا يميلون إلى الانحراف أو التخلي عن الثوابت العقائدية التي يقوم عليها هذا الفكر لئلا يقعوا، كما حصل مع الأستاذ غسان تويني وكثيرين غيره من مدعي التجديد أو التطوير

في العقيدة، في تناقضات الادعاءات والتفسيرات الآنية والكيفية، فيتجهوا إلى أفخاخ البلبلة والضياع وفقدان الذاكرة القومية..

هذه النقاط وكثير غيرها بحاجة إلى الشرح والتفسير.. اليوم وفي الذكرى المئوية الأولى لولادة أنطون سعادة، وبعد أن تفشت في مجتمعنا وعالمنا العربي الفوضى الفكرية وبلبلة المفاهيم وكان من جرائها ارتهان الأنظمة الوطنية للغريب الطامع في حقنا ووجودنا، نرى أنه من الضروري أن يعمل القيمون على نشر فكر سعادة، في دعوة مجرّدة، إلى بلورة المفاهيم انطلاقاً من التحديد العلمي الدقيق للمصطلحات اللغوية المستخدمة في مؤلفاته، لفهم ما فاتنا من فكره قبل أن تستفحل فينا الفراغات الفكرية التي ستجرنا دون أدنى شك إلى خسارة الانسان والوطن. فالعودة إلى سعادة تبدأ من هنا.. لفهم ما نقرأ وليس لقراءة ما نفهم..!

بين "سايكس بيكو" الأمس
و"سايكس بيكو" اليوم

ألقيت هذه المداخلة بتاريخ 25 تشرين الثاني 2005 لمناسبة الذكرى الرابعة والسبعين لتأسيس الحزب السوري القومي الاجتماعي بدعوة من نادي النهضة الثقافي الاجتماعي في تورنتو ـ كنـــدا.

16 تشرين الثاني 2005

يسعدني، لا بل يشرفني أن أكون واحداً من المشاركين في هذه الندوة لمناسبة الذكرى الرابعة والسبعين لتأسيس الحزب السوري القومي الاجتماعي، هذا الحدث الذي نفض الغبار عن واقع الحياة ليعلن عن نظام جديد قائم على المعرفة التي هي في الواقع صلب العقيدة القومية الاجتماعية وعن حركة النهضة في سعيها الدائم للخروج من التخبط والغموض وبلبلة المفاهيم إلى رؤية جلية ومفهوم واضح يعبّر بإرادة صادقة عن حقيقة الأمة وشخصيتها القومية. ولعل السادس عشر من تشرين الثاني عام 1932 كان الحد التاريخي الذي فصل ما بين "العهد القديم" الذي عاثت فيه عوامل الفردية والتبعية والطائفية، و"العهد الجديد" الذي حمل في طياته آمال الانعتاق والاستقلال والسيادة، والارتقاء بالمفهوم الانساني من الانسان الفرد إلى الانسان المجتمع، بفضل التعاليم القومية الاجتماعية وما تضمنته من مناقب وأهداف سامية.

منذ أيام وبينما كنت جالساً مع صديق نتناول المستجدات الأمنية والسياسية على ساحة الوطن، تطرقت بالحديث إلى مسيرة الزعيم أنطون سعادة مؤسس الحزب وباعث النهضة القومية الاجتماعية وإلى ما ناله الزعيم من غدر الأنظمة القبلية والطائفية المرتهنة للارادات الأجنبية، التي كانت ولا تزال سائدة في بلادنا، حيث قدم دمه ثمناً من أجل قضية آمن بها، بكل شجاعة وقبول وبطولة مؤيدة بصحة العقيدة وهو القائل: "نحن أمة تحب الحياة لأنها تحب الحرية، وتحب الموت متى كان الموت طريقاً للحياة".. فنظرت إلى الصديق فإذا به يغمض عينيه مفكراً ومتأملاً ليسأل قائلاً: سأطرح عليك سؤالاً وليس بالضرورة أن تجيب عليه الآن. فقلت ما هو؟ قال: يا ترى.. ظاهرة أنطون سعادة والعصر الذي جاء فيه.. هل كان هناك دور يبحث عن بطل أم أنه كان هناك بطل يبحث عن دور...؟؟ وعندما هممت بالاجابة قال على الفور: لا لا داع للاجابة الآن.. دعنا نترك الموضوع إلى جلسة أخرى..

وتشاء الصدف أن تكون "الجلسة الأخرى" التي ألتقي فيها الصديق الأستاذ إيلي البوري هي اليوم وهنا بالذات.. فاسمحوا لي أن أرحب بالصديق العزيز كما وإنني أرحب بجميع الأصدقاء، وعلني أوفق بالاجابة على تساؤله..

عاش سعادة طفولته في زمن تزاحمت فيه الأحداث والكوارث على البلاد السورية (وهي البلاد التي تعرف تاريخياً بالهلال الخصيب) نتيجة تسابق المستعمرين إليها حتى كانت الحرب العالمية الأولى حيث انطلقت المعارك الأولى نحو التحرر والاستقلال في ظل هيجان شعبي وتململ إجتماعي غير منظمين في طول البلاد وعرضها.

وقد جاءت حركة التحرر هذه بالرغم مما كان يشوبها من أخطاء، لتوقظ الشعوب التي كانت رازحة تحت النير العثماني، من السبات العميق الذي دام قروناً طويلة لم يعرف خلالها سوى الاستسلام

والخضوع لمشيئة الباب العالي. إلا أن بريطانيا، التي كانت تحضّر إلى جانب الحلفاء لطرد العثمانيين من سورية وإحكام السيطرة عليها، وجدت في استخدام الثوار الرافضين الأداة المناسبة لعمليتها وأجرت الاتصال بالشريف الحسين أمير الحجاز، وقد رأت فيه الشخصية العربية المناسبة للقيام بهذا الدور، لما كان لديه من تأثير قيادي وديني في ذلك الوقت. غير أن اعتماد الانكليز لم يكن بالواقع على شخصية الحسين بقدر ما كان على دهائهم وغدرهم والتنكيل بوعودهم. ونموذج الدهاء الذي استخدموه في المفاوضات مع الحسين، وقد عرفوا نقطة الضعف لديه، هو التشريف والتبجيل والترفيع بشخصه حتى المبالغة. ومثال ذلك ما جاء في مقدمة رسالة مؤرخة في 30 آب (أغسطس) 1915 من "مكماهون" المندوب السامي البريطاني إلى الشريف الحسين حيث يقول:

"إلى الحسيب النسيب، سلالة الأشراف وتاج الفخار، فرع الشجرة المحمدية والدوحة القرشية الأحمدية، صاحب المقام الرفيع والمكانة السامية، السيد ابن السيد والشريف ابن الشريف، السيد الجليل المبجل، دولة الشريف حسين باشا سيد الجميع، أمير مكة المكرمة قبلة العالمين ومحط رجال المؤمنين الطائفين، عمت بركته الناس أجمعين أما بعد.."

كل هذا التبجيل والتبخير، بل قل "التدجيل"، جاء في المقدمة قبل الدخول بصلب موضوع الرسالة.. لم يكن الانكليز بالطبع ليتوقفوا عند الشكل وجل ما كانوا يرمون إليه هو استخدام الحيلة أياً كان السبيل إليها للفوز بثقة الحسين حتى ينصاع في مراحل لاحقة إلى أوامرهم وينفذ الخطط التي يرسمونها له برجاله وعتاده. حتى أنهم كانوا يعرفون تمام المعرفة أن لا قدرة للحسين على القيام بالثورة لأن ليس لديه من المقاتلين سوى العنصر البدوي والبدو بطبيعة حياتهم ونشأتهم غير قابلين للقتال. ولكن البريطانيين راهنوا على

التحاق بعض الضباط من بلاد الشام والرافدين المتعطشين للثورة والاستقلال، وهؤلاء يكنون للحسين الطاعة والتقدير.. وعن طبائع البدو يقول صبحي العمري في مذكراته وهو ضابط دمشقي من بلاد الشام اشترك في ثورة الحسين: "يعتمد القتال النظامي على الممارسة والضبط المؤسس على الطاعة ووحدة العمل والتنظيم وهو الأمر الذي لا يتلاءم مع طبع البدوي وطراز حياته". ويتابع في مكان آخر: "لا أقصد بهذا أن أقلل من قيمة البدو وشجاعتهم وقد عاشرتهم مدة غير قصيرة ولذلك فإن ذكرت عنهم شيئاً إنما أذكره عن علم ومعرفة لا عن نقل أو استنتاج".

نشير هنا إلى أن العنصر الأساسي في ثورة الحسين كان وجود الضباط والجنود العراقيين والشاميين الذين أضفوا عليها الشكل العسكري النظامي وجعلوها تقف بوجه الجيش التركي موقف الند المتفوق بمعنوياته وإمكاناته.. ونذكر منهم من دمشق: محمود الهندي، خيري القباني وصبحي العمري، ومن بيروت: سعيد عمون، إميل الخوري والشيخ فريد الخازن، ومن نابلس: راغب الرشاش، ومن القدس محمد العسلي وخليل السكاكيني، ومن بغداد: نوري السعيد وبهجت الكروي، ومن طرابلس ـ الشام (كما كانت تسمى): سمير الرافعي.. وكثيرين غيرهم !.

لقد كان هم جميع الذين شاركوا في المعارك الأولى من الثورة، التخلص من النير العثماني من غير أن تكون لديهم رؤية واضحة للمستقبل أو استراتيجية دفاعية للحفاظ على الاستقلال الوطني إذا ما تحقق النصر على الأعداء. وقد فاتهم ما كانت تدبر من ورائهم دول الحلفاء لاحكام السيطرة على البلاد واستغلال مواردها الطبيعية بعد تقسيمها إلى مناطق نفوذ. وقد تجلت المؤامرة يوم أعلن عن إتفاقية سايكس ـ بيكو التي تقضي بتجزئة منطقة الهلال الخصيب إلى كيانات مختلفة تتقاسمها كل من فرنسا وبريطانيا بمباركة روسية عملاً بالمعاهدة التي وقعها الحلفاء الثلاثة في

"سانت بترسبورغ" قبل شهرين من الاتفاقية والتي بينت فيها مناطق نفوذ روسيا على الأراضي المتاخمة لحدودها.. فبالرغم من توقيع هذه المعاهدة بين الحلفاء الثلاثة في الرابع من آذار 1916 غير أن الحكومة البلشفية لم تنشرها إلا في الواحد والعشرين من شباط 1918.

وفي نص المعاهدة الآنفة الذكر والمتعلقة بتقسيم سوريا وتوزيعها إلى مناطق نفوذ بريطانية - فرنسية، ورد فيما يخص فلسطين وأماكنها المقدسة بأن تكون خارجة عن السلطة التركية على أن توضع تحت إدارة خاصة باشراف بريطاني وفقاً لاتفاق يعقد بين الحلفاء الثلاثة بهذا الشأن. كما ورد في أن يكون ميناء الاسكندرون دولياً باشراف فرنسي مع إعلان حريته. وهذا التحفظ بالأراضي المقدسة في فلسطين كان تمهيداً مقصوداً من بريطانيا للحصول عليها في مرحلة لاحقة ومنحها لليهود لإقامة وطن عنصري مكافأة لهم على تعاون اليهودية العالمية معها في الحرب. وقد حصل اليهود بالفعل على ما سمي بوعد بلفور الشهير في الثاني من تشرين الثاني عام 1917، وهو عبارة عن رسالة من وزير الخارجية البريطانية آرثر بلفور إلى اللورد روتشيلد أحد زعماء الحركة الصهيونية آنذاك.

وقد جاء في الرسالة: "إن حكومة صاحب الجلالة تنظر بعين العطف إلى تأسيس وطن قومي للشعب اليهودي في فلسطين، على أن يفهم جلياً أنه لن يؤتى بعمل من شأنه أن ينتقص من الحقوق المدنية والدينية التي تتمتع بها الطوائف غير اليهودية المقيمة في فلسطين ولا الحقوق أو الوضع السياسي الذي يتمتع به اليهود في البلدان الأخرى.

الرجاء إحاطة الاتحاد الصهيوني علماً بهذا التصريح.. المخلص آرثر بلفور."

يبدو الخبث واضحاً في نص الرسالة حيث أوصى بلفور اليهود بعدم التعرض لحقوق أهل فلسطين المدنية أو الدينية في الوقت الذي يصدر فيه الوعد المشؤوم ويسمح لنفسه التصرف بمال ليس ماله وبحقوق وحريات مصادرة من أصحابها.

ففي هذه الأجواء الملبدة التي خيمت على منطقة المشرق العربي وجلبت الويلات على الشعب، تمكنت فرنسا وبريطانيا من انتزاع الحقوق الوطنية من أيدي أصحابها، وعاث الفساد طول البلاد وعرضها وعمل المستعمر على إزكاء الأحقاد والنعرات الطائفية والمذهبية حتى نجح في إقامة الشرخ بين فئات الشعب الواحد بعد أن وضعت الحرب أوزارها مما أدى بها إلى القبول بفكرة التقسيم وإنشاء الكيانات التي رسمتها إتفاقية سايكس ـ بيكو بالرغم من الثورات الوطنية الكثيرة التي قامت فيما بعد ضد الانتدابين الفرنسي والبريطاني وطالبت باستقلال سورية الطبيعية. وليس بالخافي على أحد أن الاتفاقية هذه ما كانت لتتحقق لولا الدور السلبي والرجعي الذي لعبه الاقطاع ومؤسسات الطائفية السياسية في الانصياع للارادة الغريبة وتنفيذ سياساتها على حساب حقوق ومصالح الشعب. وقد حصل هؤلاء على وعد من الانتداب بحماية نفوذهم وسلطانهم.. وهكذا، بنتيجة فقدان النهضة الواعية وفكرة السيادة القومية، نجح الأتراك في الاستيلاء على كيليكيا الواقعة في الجزء الشمالي من سورية وتضم ألوية الأسكندرون وأنطاكية وأضنه ومرسين، بتسوية حبية مع الفرنسيين (أو بالتواطؤ معهم) الذين كانوا يقاومون هناك فلول الجيش التركي المتراجعة، تماماً كما نجح اليهود، تنفيذاً لوعد بلفور، في الاستيلاء على فلسطين بالتواطؤ مع البريطانيين.

منذ نهاية الحرب العالمية الأولى، وبالرغم من صغر سنه، بدأ سعادة بالبحث عن حل للمعضلة المزمنة التي يعاني منها شعبه وعن جواب لسؤال أساسي كان يختلط على الكثيرين "من نحن"؟

وكان أن غادر البلاد في أوائل سنة 1920 ليلتحق بمقر والده في البرازيل الدكتور خليل سعادة ولم يعد إلى الوطن إلا عام 1930. عشر سنوات في الاغتراب قضاها سعادة في التفتيش عن الحقيقة في دروس إجتماعية واقتصادية وسياسية حتى توصل إلى تعيين الأمة السورية واستنباط التعاليم القومية الاجتماعية من واقعها المحسوس وقد وجد ضالته المنشودة مؤكداً: "إن فقدان السيادة القومية هو السبب الأول في ما حل بأمتي وما يحل بها". وفور عودته إلى الوطن أخذ بالتحضير لاطلاق النهضة القومية الاجتماعية القائمة على العلم والمعرفة فأسس الحزب على أساس العقيدة الواضحة وهي أن "سورية للسوريين والسوريون أمة تامة". وكل ما استتبع ذلك من عناوين كالحرية والواجب والنظام والقوة، كان لخدمة المبدأ الأساسي بالاضافة إلى المبادىء الاصلاحية وأبرزها فصل الدين عن الدولة وإلغاء الاقطاع وتوزيع الاقتصاد القومي على أساس الانتاج والسعي لاقامة جبهة عربية لمواجهة المطامع الأجنبية.

من الواضح أن سعادة لم يؤسس حزباً سياسياً وراح يفتش له عن مبادىء كما هو الحال بالنسبة لغيره من الأحزاب السياسية. وإنما تراءت له التعاليم السورية في دراساته العلمية فاستنبطها وآمن بها ثم أسس الحزب وجعل من هذه التعاليم ذاتها مبادىء له. وبالنسبة لسعادة فإن التعاليم السورية القومية الاجتماعية التي كانت إلى حد بعيد غائبة عن أذهان أهلها، تساوي الحقيقة عملاً بالمعادلة الفلسفية التي تقول: الحقيقة وجود ومعرفة. ويعني ذلك أنه لا يمكن لأي وجود أن يعلن عن ذاته إلا بالكشف والمعرفة. وتطبيقاً، فإن التعاليم هي الوجود (أي موجودة) والكشف عنها واستنباطها هو المعرفة وهكذا تكون اكتملت الحقيقة باكتمال عنصريها. وبالتالي يمكن القول بأن حزب سعادة ليس حزباً سياسياً كغيره من الأحزاب وإنما هو حزب حقوقي نهضوي. وفي هذا المجال يقول

سعادة في رسالة من سجنه عام 1935: "لم يتأسس الحزب لمجرد محاربة الانتداب القائم حتى إذا ما زال الانتداب زال الحزب، وإنما من أجل حقيقة ثابتة مستمرة. إنها قضية حياة المجتمع واستمرارها نحو الأفضل والأجمل".
وبعد عودة الزعيم إلى الوطن من اغترابه القسري في العام 1947 فوجىء بالانتشار الواسع للحركة القومية الاجتماعية على امتداد الوطن غير أنه لم يكن راضياً عنه لأنه كان بغالبيته مجرد انتشار أفقي سطحي، إذا ما استمر على هذا النحو سيعرض الحركة إلى الميعان والتفسخ. فأسرع إلى إعادة تنظيم الندوة الثقافية في الجامعة الأميركية في بيروت حيث ألقى "المحاضرات العشر" المشهورة خلال النصف الأول من عام 1948 التي تناولت مجدداً تعاليم النهضة القومية الاجتماعية من ألفها إلى يائها مشدداً على فهم العقيدة وإدراك أبعادها. يقول سعادة: " ولكي لا نعود القهقرى يجب أن نكون مجتمعاً واعياً مدركاً، وهذا لا يتم إلا بالدرس المنظم والوعي الصحيح. فالمعرفة والفهم هما الضرورة الأساسية الأولى للعمل الذي نسعى إليه".

واجهت النهضة القومية الاجتماعية منذ قيامها كثيراً من العقبات والاتهامات وكان على سعادة أن يحارب على عدة جبهات:
- واجه المشككين القائلين بأن نظام الحزب يشبه الأنظمة الديكتاتورية في الغرب. فصرح بهذا الصدد قائلا: "إن نظام الحزب السوري القومي الاجتماعي ليس نظاماً هتلرياً ولا نظاماً فاشياً، بل هو نظام قومي إجتماعي بحت، لا يقوم على التقليد وإنما على الابتكار الأصلي الذي هو من مزايا شعبنا".
- قاوم سعادة كذلك فكرة الاستسلام والاعتماد على الارادات الخارجية في تحديد مصير الأمة وعمل بالخطب والتوجيه مطالباً بوحدة الأمة وسيادتها على نفسها وأرضها. وكان ذلك في 16

تشرين الثاني عام 1935 أي بعد ثلاث سنوات على التأسيس وكان الحزب لا يزال سرياً بسبب سيطرة الانتداب الفرنسي على لبنان والشام. ومن الطبيعي ألا يروق للفرنسيين مثل هذا الكلام الداعي إلى الوحدة وهم في سعي دائم لتفتيت الوطن ومصادرة قراره. فافتضح أمر سعادة وأدخل السجن لمدة ستة أشهر كانت مناسبة ليؤلف خلالها كتاب "نشوء الأمم".

ـ حارب سعادة إتفاقية سايكس بيكو وحذر من وعد بلفور ومن الويلات التي ستحل بالبلاد من جرائهما وكانت قد تمت تجزئة الوطن إلى كيانات وبالتالي تجزئة قضيته القومية إلى قضايا متعددة. وفي هذه المرحلة ساهمت الدول الغازية لتأسيس ما عرف بعصبة الأمم المتحدة التي تحولت فيما بعد إلى هيئة الأمم المتحدة واعترفت باستقلال هذه الدويلات ووضعت بينها بالاضافة إلى الحدود الجغرافية، حدوداً قانونية دولية بشكل يضمن عدم تدخل الواحدة بالأخرى، فقطعوا بذلك الطريق على المطالبين بالوحدة والسيادة القومية. وهكذا تم للاستعمار ما أراده فأصبحت القضية الفلسطينية مسألة الشعب الفلسطيني وقضية جنوب لبنان مسألة الشعب اللبناني وقضية كليكيا والجولان مسألة الشعب السوري والمسألة العراقية قضية الشعب العراقي.

لكن على الرغم من تقسيم سورية الطبيعية إلى كيانات تسهل معها السيطرة على مواردها وخيراتها، إلا أن أميركا وهي التي تتزعم اليوم دول الغرب وحليفتها إسرائيل التي قامت تنفيذاً لوعد بلفور، تعملان على إتفاقية "سايكس بيكو" جديدة لشرذمة المنطقة مرة ثانية، وكأن الاتفاقية الأولى لم تعط النتائج المتوخاة لما يقوم به المقاومون الشرفاء من سائر المناطق بوجه الاحتلالين الأميركي والصهيوني من أجل تعطيل المؤامرة الجديدة.. ومن الواضح عندما نتكلم عن المقاومة نعني المقاومة الوطنية وليس عناصر الارهاب الذين لا ينتمون إلى وطن أو دين.

ـ كان على سعادة أيضاً أن يواجه الاتهامات التي وجهت إلى الحزب بأنه تخلى عن القضية العربية حيث رد قائلاً: " إننا لن نتنازل عن مركزنا في العالم العربي ولا عن رسالتنا إلى العالم العربي، ولكننا نريد قبل كل شيء أن نكون أقوياء في أنفسنا لنتمكن من تأدية رسالتنا. يجب على سورية أن تكون قوية بنهضتها القومية الاجتماعية لتستطيع القيام بمهمتها الكبرى". وبمعنى آخر، فقد آمن سعادة بضرورة قيام اتحاد بين أمم العالم العربي ـ لما تتضمن هذه الأمم من قواسم ومصالح مشتركة بينها ـ إلا أنه لم يستبق الأمور ويطلق الشعارات، كما فعل كثيرون، حتى يصبح هذا الأمر ممكن التطبيق بعد استعادة العافية وقيام النهضة القومية في سورية.

وحتى في هذه الحال، لا يمكن للاتحاد أن يقوم إلا بتوافر شروط أو عناصر ثلاثة كأي عقد قانوني آخر وهي: 1) أهلية التعاقد 2) الارادة الحرة للمتعاقدين 3) مشروعية الموضوع المتعاقد عليه. فبالنسبة للعنصر الأول، لا أهلية قانونية للتعاقد لأي بلد منقوص السيادة والحرية. وللأسف فعالمنا العربي، بمختلف دوله، تحكمه أنظمة رجعية تخلت عن السيادة والحرية والمعروف أن أمر التعاقد منوط بالنظام الحاكم.. وبالنسبة للعنصر الثاني، فلا تملك الأنظمة العربية إرادة حرة لأنها مرتهنة للارادات الخارجية، وطبيعي ألا تتجه الارادة الخارجية إلى تشجيع التعاقد على اتحاد عربي وإلا يسقط دورها وتتوقف مصالحها الاستعمارية.. ونشير هنا إلى الجامعة العربية القائمة والتي كانت بالأساس بدعة بريطانية، فلا يمانع الغرب باستمرارها ولا يتخوف منها لأنها جامعة للأنظمة وليست جامعة للشعوب العربية.. أما فيما يتعلق بالعنصر الثالث، فالموضوع مشروع بامتياز بانتظار فك الأسر عن العنصرين الأول والثاني.

وهناك رأي يردده كثيرون عندما يكون الموضوع عن سعادة ونهجه الفكري، البعض من باب المجاملة.. والبعض الآخر عن جهل لفكر سعادة لسبب من إثنين: إما لعدم قراءته أو لعدم فهم مقاصده الفكرية. يقولون: أنه لو كتب لسعادة أن يعيش حتى أيامنا هذه لغير كثيراً من أفكاره وتعاليمه تمشياً مع المعطيات الجديدة والتطورات الفكرية والتكنولوجية التي طرأت على العالم..

وتعليقاً على هذا نقول باختصار، أنه من غير الطبيعي ألا يتطور الانسان في نهجه أو ممارساته تمشياً مع سنة الحياة الآخذة بالتقدم والتطور ولكن من غير أن يمس "تطوره" القواعد الثابتة التي هي في صلب العقيدة القومية الاجتماعية.. وهنا نسأل هؤلاء ماذا ينتظرون من سعادة لو كان اليوم حياً:

- هل ينتظرون منه أن يتخلى عن الحرية والسيادة القومية ليتمسك بالعبودية والتبعية وهو القائل "إن لم تكونوا أحراراً من أمة حرة فحريات الأمم عار عليكم" ؟

- هل ينتظرون منه أن يدخل في المساومة ويحني الرأس للمؤامرة الأميركية الاسرائيلية الجديدة القادمة إلى المنطقة باسم الشرق الأوسط الكبير ليشرّع حدود الوطن للغزو والاحتلال ؟

- هل يريدون له أن يقلع عن فكرة فصل الدين عن الدولة وتعزيز فكرة "الديمقراطية التوافقية"، هذه البدعة التي يتحدثون عنها اليوم والتي هي ليست في الواقع سوى توافق رموز الطوائف للحفاظ على امتيازاتهم في السلطة والنفوذ والمغانم..؟

- هل يطلبون منه أن يهلل لسايكس بيكو الجديدة للامعان في شرذمة الأمة وتجريدها من حقها في الحياة.. وها هي معالم التقسيم الجديدة تظهر يوماً بعد يوم: فلسطين أمست أربعة أجزاء ولا يمكن التنقل بين أجزائها إلا من خلال المعابر الاسرائيلية.. والعراق أصبح حقل ألغام لا ينجو منه إلا المتعامل مع الاحتلال.. الأردن يمد جسور الدبلوماسية والاستراتيجية مع إسرائيل.. ولبنان

والشام يخضعان لتحديات بقايا الشرعية الدولية. وأقول "بقايا" لأن الأمم المتحدة، حتى تاريخ الغزو الأميركي للعراق، كانت بعض الأمل الذي تتمسك به دول العالم الثالث في مواجهة الدول الغازية. أما بعد، فقد سقطت عندما ضربت الولايات المتحدة قراراتها بعرض الحائط وراحت لتحتل العراق..

باختصار أقول، لو كان سعادة حياً اليوم لشدد أكثر على تعاليمه وقيمه التي تكمن فيها الآلية الحقيقية للخروج من بلبلة المفاهيم التي نتخبط بها إلى وضوح الرؤية ومواكبة حركة النهضة القومية الاجتماعية التي تضييء الطريق إلى أمل بالحياة..

وفي الختام أشدد على أن في العودة إلى سعادة يجب أن نعمل على فهم ما نقرأ وليس على قراءة ما نفهم، أقصد هنا أن نقرأ بتجرد دون تأثير فكري أو سياسي مسبق، تماماً كما فعل المغفور له الشهيد كمال جنبلاط في دفاعه عن مواقف سعادة يوم إعدام الأخير أو اغتياله على يد الحكومة اللبنانية عام 1949، وقد كان الوحيد من بين النواب الذي تحدى الحكومة وانتقدها بالرغم من أنه لم يكن على اتفاق كامل مع سعادة، حيث قال في استجوابه للحكومة: "على الأمة المريضة بابنائها أن تتفهم عظمة الفرد وعظمة صراع الجماعة المتفتحة لحياتها ومصيرها. رحم الله سعادة القائل: "إن الشعوب الغبية تفعل برجالها ما تفعله الأطفال بألعابها، تحطمها ثم تبكي طالبة غيرها". ويضيف كمال جنبلاط: "هذا التدليل على قيمة الرجل الفكرية وقيمة الخدمات التي أداها لجيل أدرك الوعي القومي على يده، يفرضه علينا واجب التجرد الفكري، وسعادة كما أشرنا سابقاً هو رجل عقيدة ومؤسس مدرسة فكرية كبرى وباعث نهضة في أنحاء الشرق قد يندر لها مثيل".
ولا يزال الكلام هنا لكمال جنبلاط.

إذا عدنا بالتاريخ إلى مطلع القرن العشرين، في مقارنة موضوعية مع مطلع القرن الواحد والعشرين الذي نعيشه اليوم، فإن المشهد ذاته يتكرر: التحديات والمطامع الأجنبية على بلادنا، محاولات التقسيم المستمرة، إلهاء شعبنا بنظريات وأفكار لا تمت إلى حقيقتنا بصلة، تعميق الخلافات الداخلية بواسطة الطائفية والاقطاع ورأس المال، وإذلال الشعب بالقمع والترهيب.. كل هذه الممارسات تصب في أهداف ليست أهدافنا وفي مصلحة ليست مصلحتنا.

وهكذا فإن الدور الذي تكلم عنه صديقنا الأستاذ إيلي البوري وكنت قد أشرت إليه في مستهل هذه المداخلة، أي دور الانتفاضة القومية من أجل الحرية والسيادة، هو الذي كان ولا يزال يبحث عن بطل وليس العكس. والبطل الذي استجاب للدور والتحدي آنذاك، لا يزال حياً حتى أيامنا هذه وإن لم يكن بالجسد فبالفكر والتعاليم، ولا خلاص للأمة في استعادة حقها وعزّها إلا بالعودة إليه.. والعودة إلى سعادة هي عودة إلى الينبوع، إلى المدرسة القومية الاجتماعية، إلى الحلول النظرية والعملية لكل المعضلات القائمة التي تهدد شعبنا بتفاقمها يوماً بعد يوم..

قد يرى البعض فيما أقول مبالغةً أو تفاؤلاً أو مستحيلاً.. لا فرق. خاصة أن اللحمة أو الوحدة الطبيعية لم تعد سهلة المنال اليوم بعد أن أمعنت تشريعات الأمم المتحدة في تعزيز الحواجز بين أجزاء الوطن، ولكنني سأرد على كل ما يقال بسؤال عفوي بسيط: ما هو البديل لتجاوز المحن والخروج إلى النور ..؟

كتاب مفتوح إلى فخامة الرئيس لحود..

2006/3/3

صاحب الفخامة،

يشرفني أن أخاطبكم من على هذا المنبر الحر المتواضع، منبر "الجالية"، من وراء البحار البعيدة آملاً أن أوفق في نقل رسالتي، التي يشاركني فيها الآلاف من اللبنانيين المنتشرين في العالم والتواقين إلى يوم العودة في يوم السلام، علها تجد كلماتي طريقاً في زحمة المطالب والخطابات التي تتوجه إليكم في هذه الأيام..

يؤلمنا جداً أن تكون الحالة في لبنان على ما هي عليه من تشنجات وتجاذبات بين أهل السياسة ـ الهواة منهم والمحترفين ـ حتى يخيل للمراقب أن أجواءً متلبدة تلوح في الأفق وتنذر بخطر يدق على الأبواب ويهدد أمن المواطن الذي ما زال يتطلع إلى الوعود والعهود ليتخلص من تداعيات الحرب الأهلية التي دمرت الوطن وشردت أهله وشبابه في أصقاع الأرض بحثاً عن ملاذ يقيهم رائحة الموت والبارود..

وأود قبل الدخول في التفاصيل أن أتوقف قليلاً عند ما سمي بالجمهورية الثانية، أي لبنان ما بعد "الطائف"، حيث قيل أنه توافق بين اللبنانيين على وقف الحرب الأهلية والعمل، كل من موقعه، على تطبيق بنود "الاتفاق" ليصبح بمثابة الدستور الجديد للبلاد اعتباراً من العام 1989، هذا الاتفاق الذي كان ولا يزال

محوراً أساسياً لجميع السياسيين في لبنان أو قلْ "الكتاب السماوي" المنزل الذي لا يجوز مسه أو إلغاؤه أو حتى التعديل في بنوده..

وهنا أسأل الجميع، والمتمسكين باتفاقية الطائف خاصة، ماذا حققتم من بنود هذه الاتفاقية.. لا شيء بالطبع، وحتى قرار وقف الحرب (الذي شكل البند الأول منها) لم يكن قراركم بل قرار من كان يمدكم بالسلاح وتوقف، فاضطركم إلى الخضوع والتوقيع على الاتفاقية..!

نصت الاتفاقية على أن يتولى الجيش السوري في لبنان مهمة الأمن لفترة سنتين ثم ينسحب تدريجياً بعد تسليم الأمر للجيش اللبناني. ولم يخرج بالطبع إلا بعد مرور خمس عشرة سنة بموجب القرار الدولي 1559 وليس بموجب إتفاقية الطائف..

ولحظت الاتفاقية أيضاً نزع السلاح من سائر الأفرقاء والعمل على بناء المؤسسة العسكرية (الدفاعية والأمنية) بحيث تصبح مؤسسة قادرة على الدفاع عن الوطن وحماية المواطن من كل تعدٍ يأتيه من الخارج أو الداخل. فلم تثبت هذه المؤسسة جدارتها وقدرتها، وبالتالي كان أمن الوطن مشرّعاً وأمن المواطن معدوماً ولا داع لترداد ما حصل قبل العام 2005 من قمع وترهيب وتهجير لشباب لبنان الذين أقعدتهم الشعارات البراقة الرنانة، والمسلسل الارهابي الذي تواصلت فصوله خلال العام 2005 منذ محاولة اغتيال الوزير مروان حمادة حتى اغتيال النائب جبران تويني مروراً باغتيال شخصيات لبنانية أخرى بارزة وفي مقدمها الرئيس رفيق الحريري..

كذلك نصت الاتفاقية على أن تقوم الدولة العتيدة في لبنان بمراعاة التوازن مناصفة بين المسيحيين والمسلمين إلى أن يتم إلغاء الطائفية السياسية في وقت لاحق. وما حصل هو أن تكرست الطائفية أكثر مما كانت عليه في السابق، في وقت يتحدث الجميع

بلغة "تعايش الطوائف" و"الديمقراطية التوافقية"، هذا النوع من الديمقراطية الذي لا وجود له إطلاقاً في قواميس المنطق أو القانون.. إنها بكل اختصار بدعة لبنانية يعمل تحت سقفها الجميع لحماية النظام الطائفي التقليدي الذي يتمسكون به.

و"الديمقراطية التوافقية" التي يكثر الكلام عنها، هي أشبه بـ "العقد الاجتماعي" الذي تحدث عنه الفيلسوف الفرنسي جان جاك روسو والقائم (بحسب تصوره) بين مختلف شرائح المجتمع. بينما يقوم مثل هذا العقد في لبنان بين مختلف زعماء الطوائف وعلى حساب مختلف شرائح المجتمع..

ففي استعراض لفترة رئاستكم الأولى وما انقضى من الولاية الممددة، لم تتمكنوا يا فخامة الرئيس، لسبب أو لآخر، من أداء مهمتكم على النحو الذي ترغبون. فلم تنجحوا في تطبيق إتفاقية الطائف رغم تمسك الجميع بها. ولا أقمتم الدولة ولا المؤسسات التي كنتم تطمحون إليها. ولا استطعتم حماية الحريات أو تثبيت الديمقراطية الحقيقية، ولم تتمكنوا بالتالي من تحقيق أمن الوطن والمواطن ووصلنا إلى ما وصلنا إليه من تفجيرات واغتيالات وانتهاكات. وبالاضافة إلى كل هذا فرزت على الأرض مجموعة كبيرة تطالب بتنحيكم عن كرسي الرئاسة بغض النظر عمّ إذا كانت على حق أو باطل، بآلية دستورية أو غير دستورية. يكفي أنكم فقدتم الاجماع الوطني حول دوركم الرئاسي وبقي عليكم أن تكسبوا الاحترام الوطني لشخصكم الكريم.

واسمحوا لنا أن نذكر هنا ونتذكر يا فخامة الرئيس بأن مسؤوليتكم هي أكبر من مسؤولية أي رئيس آخر سبقكم لأنكم مدينون للشعب اللبناني أكثر لكونه وافق على تعديل الدستور مرتين للمجيء بكم إلى سدة الرئاسة. المرة الأولى لإعطائكم الحق في الترشح لرئاسة الجمهورية والمرة الثانية لإعطائكم الحق بالتمديد. وهذا العمل وإن

كان يرى فيه البعض مساً في روحية الدستور، إلا أننا نشدد على القول بأن القوانين، بما فيها القانون الدستوري، إنما تفصل بما يتلاءم مع مصلحة الوطن ولا يمكن بأي حال أن يفصل الوطن بما يلائم القوانين..

هذا ومع الحالة المتردية التي وصل إليها لبنان.. وحفاظاً على مبدأ دولة القانون والمؤسسات الذي كنتم أول من أطلقه ليكون شعار المرحلة على طريق البناء والاصلاح.. نأمل أن تترفعوا عن الصغائر برفض الاستمرار في أجواء التشنج والتشكيك والافتراء المخيمة على ساحة الوطن والتنحي عن كرسي الرئاسة "لمن يهمه الأمر".. يكفيكم فخراً أنه تم تحرير الوطن من العدو الاسرائيلي بعهد فخامتكم وأنكم لن تشاركوا بعد اليوم في لعبة الطائفية التي تؤخر حركة النهضة في البلاد. وبعملكم هذا، سوف تضيفون بنداً على جدول أعمال جلسات الحوار الدائرة حالياً في أروقة المجلس النيابي عله يشكل المدخل لتلاقي المكونات السياسية كافة، فيعمل الجميع على إعلان الدولة الجديدة فيطمئن المواطن على مستقبل أولاده وفي هذا ما يحفز المغتربين على العودة والمشاركة في إعمار لبنان.. ودمتم ذخراً لسيادة وعز لبنان..!

طلاق هنية وعباس..
هل يؤدي إلى طلاق الضفة والقطاع..؟

2007/8/3

كتبتُ بتاريخ 2006/2/2 وفي مقال بعنوان " الديمقراطية بين الاستقواء والانكسار"، أن الشعب الفلسطيني يعيش في دوامة من القلق والاضطراب لما ستؤول إليه الحال في البلاد بعد الفوز الكاسح الذي حققته "حماس" في الانتخابات التشريعية، على منافسيها ـ بما فيهم حركة فتح ـ بالرغم من الارتياح العام لأجواء الحرية والديمقراطية التي رافقت هذه الانتخابات باعتراف جميع الفصائل في الداخل والخارج، حتى ذهب البعض لتسمية هذا الفوز بالثورة الخضراء (تيمناً باللون الأخضر لعلم حركة المقاومة الاسلامية) وكأنها بداية لمرحلة جديدة في تاريخ القضية الفلسطينية منذ قيام السلطة الوطنية عام 1993.

وذكرتُ في سياق المقال أن الانتخابات التشريعية الفلسطينية اتسمت بالحرية والنزاهة والشفافية إلى أبعد حدود بشهادة الأطراف المتنافسة جميعها وتقارير المراقبين الدوليين. وهذا يعني أن الاحتلال الاسرائيلي لم يتدخل في العملية الانتخابية كما فعل الاحتلال الأميركي في العراق، لا بل سهلت إسرائيل إجراء الانتخابات في القدس بعد أن كانت متصلبة في موقفها الرافض لإجرائها.. وهنا طرحتُ السؤال التالي: فهل يعني هذا تساهلاً من قبل المحتل الاسرائيلي أم علماً ويقيناً منه بتفوق حماس، بحسب الاستطلاعات التي سبقت العملية الانتخابية، فعمل ـ عن سابق

تصور وتصميم - على إخراجها إلى دائرة الضوء لإحراجها بالمطالب الأوروبية والأميركية كإلقاء السلاح والاعتراف بدولة إسرائيل مقابل الافراج عن المساعدات الدولية المقررة للشعب الفلسطيني..؟

وكنت قد أضفتُ حول هذا الأفق المسدود أنه: ليست لحماس خيارات كثيرة في مواجهة التحديات الدولية الراهنة. فإما الاستسلام والقبول بالشروط المطروحة وهذا يعني تسوية الأمر مع حركة فتح وحل المشكلة الاقتصادية للشعب الفلسطيني على حساب المقاومة "المستمرة" والمبادىء التي آمنت بها وأكسبتها شعبيتها. وإما التصلب في الموقف في خيار المقاومة حتى النهاية وهذا يعني تدهور الحالة الاقتصادية وتفاقم الصراعات الداخلية مع فتح وسائر الفصائل الأخرى بالاضافة إلى احتمال تخلي قسم كبير من قواعدها الشعبية عن الالتزام بقراراتها ونهجها بسبب الفقر والعقوبات الاقتصادية التي ستلحق بها.

وخلصتُ في نهاية المقال إلى القول: أن حركة حماس اليوم تراوح في موقع لا تحسد عليه. وكأن الديمقراطية التي شكلت السبيل لوصولها إلى رأس السلطة الفلسطينية، قد أمست السلاح المسلط على كل المنجزات والتضحيات التي قدمتها للقضية، لأن مثل هذا السلاح هو ذو حدين في بلد يفتقر إلى السيادة والاستقلال..

*****

أما اليوم وبعد مضي سنة ونصف على الانتخابات التشريعية، وبالرغم من المحاولات المتعددة والمتكررة التي قامت بها حماس، بما فيها اللقاءات المكثفة بين هنية وعباس التي نتج عنها قيام "حكومة الوحدة الوطنية"، لايجاد المخرج الدستوري والعملي الذي يرضى به سائر الأفرقاء بمن فيهم إسرائيل والعراب الأميركي، إلا أن جميع المساعي باءت بالفشل، لا بل زادت الأمور تعقيداً وخطورةً إذ أدت إلى الاقتتال بين الأخوة وفصائل الخندق الواحد،

في أجواء مشحونة بالرفض والتخوين والتهديد حتى تم الانفصال بين هنية وعباس وكأنه إشارة أو تمهيد غير معلن لقيام سلطتين فلسطينيتين منفصلتين واحدة في الضفة وأخرى في القطاع وبالتالي تقسيم البلاد والنفوذ..

والمؤسف أنه، أمام هذا الأمر الواقع، لا بد من طرح ذات الأسئلة التي طرحناها بالأمس، وحماس اليوم محاصرة في قطاع غزة بنيران الاحتلال من جهة وتجميد أموال الفلسطينيين من جهة أخرى: فإذا كان لحماس أن تتصلب برأيها وترفض نزع السلاح والاعتراف بإسرائيل، فهل يمكن لها وقد اعتلت السلطة بإرادة شعبية حرة أن تدعي الاستقواء بالديمقراطية بوجه رافضيها ومهدديها..؟ بالطبع لا.. لأن مثل هذه الديمقراطية لا تخدم الاحتلال. وطالما أن الديمقراطية لا يمكن أن تعني الاستقواء، هل يجوز التصديق بأن يكون لها مكان في ظل الاحتلال.. طبعاً لا لأنها لا تعني في هذه الحال غير الانكسار والاستسلام..؟
وهكذا فإن الاجابة على أي سؤال قد يطرح بهذا الشأن، تكمن في الواقع الصعب الذي تعيشه حماس اليوم وقد وقعت أو أوقعت نفسها في شرك محكم لن تخرج منه بالبساطة التي يتصورها البعض. ويبقى السؤال الأكبر الذي يحتاج إلى جواب، ربما كانت الأيام القليلة الآتية كفيلة بالاجابة عليه: طلاق هنية وعباس.. هل يؤدي إلى طلاق نهائي بين الضفة والقطاع..؟

"إعلان دمشق".. واجترار التوصيات..!

2008/4/1

القمة العشرون التي شغلت زعماء العرب في الأيام القليلة التي سبقت انعقادها.. هذه القمة التي ينتظر انعقادها وتوصياتها في كل مرة المراقبون والمنظرون بأمل العثور فيها على الجديد من الحلول ما يصلح لتسوية المشاكل العالقة في دول العالم العربي، باتت اليوم مصدر الاحباط الذي يتملك المواطن ويجر به إلى مستنقعات اليأس والخيبة. فتوصيات الملوك والرؤساء والأولياء تصلح لأن تكون آلية لهم للهروب إلى الأمام، فهي ليست سوى مقررات إسمية غير قابلة للتنفيذ.
ماذا كان ليحدث لو لم تنعقد قمة دمشق؟

ـ أكد "اعلان دمشق" الذي صدر في ختام القمة على "ان استمرار الجانب العربي في طرح مبادرة السلام العربية مرتبط بتنفيذ إسرائيل التزاماتها كافة في إطار المرجعيات الدولية لتحقيق السلام في المنطقة". هذه هي القمة الثالثة التي تدرج المبادرة العربية للسلام في أعلى سلم أولوياتها من غير أن تلقى صدى لدى إسرائيل المعنية بالمبادرة ولا حتى لدى الجانب العربي المعني الآخر. ومن الواضح أن الحديث عن تلك المبادرة لا يجد له مكاناً بغير القمة (لدى انعقادها).

ـ كما أكد "إعلان دمشق" عن تبنيه المبادرة اليمنية لتحقيق المصالحة الوطنية الفلسطينية، مع تكليف لجنة وزارية لـ "مراجعة استراتيجية" التحرك السلمي. لست أدري ما المقصود بـ "مراجعة استراتيجية" التحرك السلمي، وعلى أي حال ليس هناك جديد طالما أن المبادرة اليمنية قائمة قبل القمة وبعدها. لقد ركزت القمة على قضية فلسطين باعتبارها قضية العرب الأولى، تماماً كما تفعل في كل مرة. ولكن ماذا قدمت الدول العربية أو الجامعة العربية لمعالجة الوضع الفلسطيني المتدهور في الداخل (بين الفصائل الفلسطينية) أو بالنسبة للتعديات المتكررة التي يتلقاها الشعب الفلسطيني على يد قوات الاحتلال. فهل هناك ما يعيد الحق لأصحابه في المبادرة اليمنية..؟

ـ جدد "إعلان دمشق" التمسك بالمبادرة العربية لمساعدة لبنان "على الخروج من أزمته ودعم جهود الأمين العام لتشجيع الأطراف اللبنانيين على التوافق في ما بينهم لتجاوز هذه الأزمة بما يصون أمن ووحدة واستقرار لبنان وازدهاره". كلام جميل.. من دون تفاصيل ومضمون واضح وقد اكتفى "الاعلان" بالاشارة إلى المبادرة التي أطلقها عمرو موسى على أنها مفتاح الحل للأزمة، مع العلم أن المبادرة قد أحبطت نهائياً لدى زيارة الأمين العام الأخيرة إلى لبنان. وهنا نطرح ذات السؤال: ماذا فعلت الدول العربية أو ماذا عساها أن تفعل إزاء الوضع اللبناني المتدهور بين فريقي الموالاة والمعارضة إذا لم يعمل الجميع بالمبادرة المطروحة. هل هناك من مبادرة جديدة في طريقها إلى لبنان..؟

ـ أما موضوع العراق، يقول عمرو موسى: "نحن ننتظر المزيد من الأفكار من الاخوة في العراق كي نقوم بالتعاون كدول عربية مجتمعة مع الحكومة العراقية للوصول إلى استقرار العراق وأمنه، والوصول إلى السيادة الكاملة". وأشار إلى "التضامن العربي

والعمل العربي المشترك"، مؤكداً أن هناك دوراً مطلوبا من بعض الدول وأن هناك دوراً متعلقا بآليات الجامعة العربية.
ونعود للسؤال الذي طرحناه آنفاً: ماذا كان ليحدث لو لم تنعقد قمة دمشق؟ لا بل كان من الأفضل ألا تنعقد طالما أنها ركزت على نقاط ثلاث كانت قبل القمة وهي لا تزال قائمة بعدها: المبادرة العربية للسلام ـ المبادرة اليمنية لتحقيق المصالحة الوطنية الفلسطينية ـ المبادرة العربية لمساعدة لبنان. وهكذا يبدو "إعلان دمشق" وكأنه اجترار للتوصيات السابقة. فما هي الفائدة من أية توصيات أو قرارات تصدر عن أية قمة إذا لم تنفذ هذه القرارات أو إذا لم تكن هناك آليات للتنفيذ..

وماذا يعني الأمين العام بالتضامن العربي والعمل العربي المشترك..؟ إنها كلمات جميلة لمضمون غير جميل ولواقع غير قابل للوحدة أو للعمل المشترك، لأن ليس لدى أي بلد عربي ما يشترك فيه مع الآخر. فمن حيث شكل الحكم القائم، فالبلدان العربية تتوزع بين الأنظمة الرئاسية والبرلمانية والملكية والأميرية والسلطنية والجماهيرية. ولكل من هذه الأنظمة شكلها ودستورها وطموحاتها ونظرتها إلى "الحياة". ومن حيث الانتماء والنظرة الإيديولوجية، فكل بلد عربي مهما صغر، متشبث باستقلاله وانعزاله عن البلدان العربية الأخرى. وما يجمع الزعماء في قمة أو جامعة عربية، هو معرفتهم المسبقة بعدم جدية القمة أو الجامعة، واقتناعهم بعدم جدوى مقرراتها. وإذا ما جاء اليوم لتحقق القمة العربية "الوحدة بين العرب"، فسيكون الجميع حتماً في عداد المتغيبين..

الجامعة العربية، التي جاءت في الأصل استجابة لدعوة وزير الخارجية البريطاني أنتوني إيدن حين دعا إلى تحقيق وحدة عربية عام 1943، إنما قامت على أساس وحدة الأنظمة العربية فيما

يسهّل مهمة إيدن في التعامل معها، واستمرت حتى أيامنا هذه جامعة للأنظمة وليست للشعوب. وإنني أؤكد آسفاً، لو عاد أنطوني إيدن اليوم ليدعو العرب إلى "جامعة عربية للشعوب"، لقام بوجهه جميع الملوك والرؤساء والأمراء والسلاطنة رافضين مهددين...! وكل قمة والعرب بخير!

باراك أوباما.. للتجديد أم للتقليد..!

2009/1/2

في العشرين من الشهر الجاري، يتسلم الرئيس الأميركي المنتخب باراك أوباما مقاليد الادارة الرئاسية ليصبح الرئيس الأميركي الرابع والأربعين للولايات المتحدة الأميركية. وجديد الرئيس الجديد أنه منذ بدء حملته الانتخابية، أي قبل حوالي السنتين، لم يتوقف يوماً عن ترداد شعار الحملة التي حملت عنوان "التجديد" من أجل أميركا، داعياً جميع الأميركيين إلى دعم ترشيحه مشيراً إلى أن أميركا لم تعد تحتمل دورة أخرى بقيادة الجمهوريين لأن صورتها في العالم أصبحت مهزوزة بسبب ما اقترفته إدارة بوش من أخطاء واختراقات على الصعيدين المحلي والدولي.

وقد لاقى شعار أوباما استحساناً كبيراً لدى الأميركيين الذين كانوا متعطشين للتغيير وبالتالي متطلعين إلى قيادة حكيمة تحفظ ماء وجه أميركا في العالم بعد التشويه الذي لحق به من سياسات الارتجال واللامبالاة التي مارسها بوش مع جوقة الصقور الراحلة. وقد وجدوا في أوباما، الابن المدلل لدى الديمقراطيين وصاحب الدعوة إلى الجديد والتجديد، ما يشفي غليلهم ويبعث في نفوسهم الأمل بمستقبل لن يكون حتماً أسوأ من الحاضر. وهذا برأيي هو السبب الأساسي الأول لالتفاف الشعب الأميركي حوله والمجيء به إلى سدة الرئاسة، طبعاً بالاضافة إلى مواصفات أخرى مهمة تدل على شخصية الرجل وجهوزيته الاحترافية لتولي قيادة بلاده.

ولكن ما هو الجديد الذي طرحه؟ بل ماذا ينتظر الأميركيون من جديد أوباما..؟
هل سيبدل النظام الرئاسي في الولايات المتحدة بحيث يصبح لدى الرئيس مجلس استشاري يشاركه الصلاحيات الواسعة المعطاة له..؟
هل سيتبدل النظام الاقتصادي من نظام رأسمالي ليبرالي إلى نظام موجه إشتراكي..؟
هل ستتخلى أميركا عن تدخلاتها السياسية والعسكرية في مجتمعات العالم الثالث..؟
هل ستعترف بالديمقراطية وبحقوق الانسان غير الأميركي في العالم..؟
وأسئلة كهذه تجرنا إلى ما يعنينا كشعوب عربية تعاني ما تعانيه من السياسة الأميركية المنحازة في مناطقنا لنسأل:
هل سيعمل أوباما على الاعتراف بحق العودة للفلسطينيين وحقهم في إقامة الدولة الفلسطينية؟
هل سيعترف للعالم بالجريمة الكبرى التي ارتكبتها الولايات المتحدة في مطلع القرن الواحد والعشرين بحق الشعب العراقي والتي راح ضحيتها ما يقارب المليون بين شهيد وجريح ومعوّق.. والحبل على الجرار ما دام أطفال العراق يدفعون الأثمان الباهظة يوماً بع يوم..؟
هل سيوقف أوباما همجية إسرائيل في عدوانها على غزة الصابرة والمحاصرة منذ سنتين بين فكين أحدهما عدو همجي والآخر صديق متخفي.. ويكفي غزة ما تعانيه اليوم من مجازر مستمرة ويقدر عدد القتلى والجرحى في اليومين الأخيرين بالمئات من الأطفال والنساء والشيوخ..
الأسئلة كثيرة واللائحة تطول.. أما الأجوبة عليها فغامضة وربما معدومة، وإن كان لدى أوباما بعض الرد عليها:

ـ بالنسبة للنظامين السياسي والاقتصادي السائدين داخل الولايات المتحدة، ليس لأي رئيس ينتخب بموجب النظام القائم ما يسمح له بمسهما. وهذا يعني سلوك التقليد السياسي المعروف دون تجديد أو تغيير، وإن كان يرى بعض مؤيدي أوباما ذلك ممكناً. وإن سلمنا جدلاً، فقد يكون التغيير بالشكل وليس بالجوهر.

ـ وبالنسبة للتدخلات السياسية والعسكرية في الخارج، قد يتغير النهج أو المقاربة ولكن الغاية والمضمون سيبقيان على حالهما عملاً بالتقليد الأميركي. ذلك أن ما تقوم به الولايات المتحدة في الخارج، من أعمال دبلوماسية أو سياسية أو عسكرية إنما تصب جميعها في خدمة الغاية الأساسية وهي تحقيق الحلم الأميركي في السيطرة على الموارد الطبيعية الحيوية في العالم.

ـ أما بالنسبة لقضايانا العربية فلا داع للتحليل والتعليل، فقد أعطى أوباما الأجوبة عليها بنفسه. وعد بسحب القوات الأميركية من العراق إذا فاز بانتخابات الرئاسة. وبمجرد إعلان نتائج فوزه صرح أنه سيلتزم بما وعد به وأن مثل هذا الانسحاب سيلزمه بعض الوقت من سنتين إلى ثلاثة. فما كان من الرئيس بوش إلا أن زايد عليه بتوقيع الاتفاقية الأمنية مع العراق التي حددت الانسحاب من العراق في العام 2011. وهنا التقت إرادة الرجلين عند نقطة واحدة وليس من جديد.

وبالنسبة للأزمة الفلسطينية ـ الاسرائيلية، صرح أوباما من القدس لدى زيارته إلى إسرائيل أنه سيدعم الدولة العبرية ولن يسمح بأن يهددها جيرانها، لأن أمن إسرائيل هو من أمن أميركا. هذا هو التقليد الأميركي الذي لن يتغير أياً كان الرئيس..

لقد هلل بعض العرب لفوز أوباما ووصفوه بالحدث التاريخي الذي سيغير الموازين ويقيم العدالة في العالم، وأن اختيار الشعب الأميركي لأوباما اليوم دليل على تطور في ذهنية هذا الشعب الذي

كان حتى الأمس القريب غير قابل لفكرة أن يكون رجل أسود على رأس الدولة. والحق يقال، إن هذا الاختراق غير المسبوق، يوحي بطريقة أو أخرى بأن شيئاً جديداً قد طرأ على السياسية الأميركية. غير أن الجديد حتى الساعة، ليس سوى في لون الرئيس الجديد الذي لن يأتي بالمعجزات وإن كان قادراً على تجديد التقليد الأميركي..

أوباميون أكثر من أوباما..

2009/2/5

"من أجل إعادة تجديد القيادة الأميركية في العالم، لا بد لنا أولاً من إيصال الحرب في العراق الى نهاية مسؤولة، وإعادة تركيز اهتمامنا على الشرق الأوسط الأوسع". هذا ما قاله باراك أوباما مستهلاً مقالته بعنوان "تجديد القيادة الأميركية" المنشورة في مجلة "فورين أفيرز" بتاريخ تموز ـ آب 2007، أي قبل بدء حمى الحملات الانتخابية للرئاسة الأميركية بمدة".

وقال أيضاً: "إن نقطة انطلاقنا الرئيسية في الطريق إلى سلام دائم ستكون دائماً التزاماً قوياً وواضحاً بأمن إسرائيل، حليفنا الأقوى في المنطقة، وهذا الالتزام يصبح أكثر إلحاحاً عندما يتحتم علينا أن نكافح التهديدات المتصاعدة في المنطقة الناجمة عن إيران قوية، ووضع هش في العراق، وتمرد "القاعدة"، وازدياد قوة حزب الله وحماس"..!

هذا ما أعلنه أوباما قبل سنتين وما أكده مراراً خلال حملته الانتخابية حتى أمسى معروفاً للجميع بأنه إعلان رسمي عن البرنامج العملي لتعاطيه مع النزاع العربي الاسرائيلي إذا ما فاز بالانتخابات الرئاسية. لقد وصلت الرسالة إلى إسرائيل كما وصلت إلى الناخبين الأميركيين ولكنها، مع شديد الأسف، لم تصل إلى أسماع العرب وأذهانهم. بل راح هؤلاء يبشرون بـ "التغيير والتجديد" اللذين وعد بهما الرئيس الأميركي الجديد وتحولوا إلى "أوباميين" أكثر من أوباما، فألقوا سلاحهم ورفعوا شارات النصر وأخذوا يحلمون بالسلام "المعلب" الذي سيحمله إليهم "جديد"

أوباما، بالاضافة إلى سكوتهم المعيب عن المطالبة بالحق وعن محاولات الاجهاز على كل أشكال المقاومة العربية للاحتلال والتطبيع..؟

هذه العناوين التي أطلقها الرئيس أوباما حول النزاع العربي في تصريحاته وحملاته الانتخابية والتي شكلت وعداً قاطعاً بدعم الموقف الاسرائيلي، ظالماً أو مظلوماً، حملها مبعوث "الرئيس" أوباما الشخصي إلى المنطقة جورج ميتشيل الذي لم يكتفِ بالاستماع إلى آراء المتنازعين، بل انطلق معبرا عن مواقف سياسية أميركية وباسم رئيس الولايات المتحدة، محورها دعم وتبني أولويات الموقف الاسرائيلي بالكامل التي تتلخص بالآتي: نعت المقاومة بالارهاب وأولوية التخلص منها، حصرية التعامل مع فريق محمود عباس الرئيس الفلسطيني المنتهية ولايته، ورفض أي دور محتمل لحركة حماس في الاعمار والمعابر، والأولوية الحاسمة لإحكام الحصار البري والبحري على تسلح المقاومة، والتعهد بحشد إمكانات الولايات المتحدة ومصر والدول الأوروبية في خدمة كل ما تعتبره إسرائيل ضرورياً لأمنها. أدلى ميتشيل بهذه المواقف بالأمس، في وقت ظهرت حركة اتصالات ديبلوماسية أميركية لعقد مؤتمر دولي في كوبنهاغن، هدفه بناء تحالف عالمي لمحاصرة غزة بحرياً ومنع تهريب السلاح (بحسب الادعاء والتوصيف الاسرائيلي)، بينما أخرجت فرنسا سفينتيها الحربيتين من اليونيفيل البحري المعزز في لبنان، قد يكون بهدف المشاركة في حصار غزة "الجديد".

تجري كل هذه التطورات على الصعيدين المحلي والدولي، والمفاوضات المصرية جارية للضغط على حركة حماس لتقبل بشروط التهدئة، بينما أعربت فصائل المقاومة الفلسطينية في بيان رسمي رفض الضغوط ومحاولات الربط بين شروط الحوار الفلسطيني والتهدئة وفك الحصار.

وتزامنت التطورات هذه مع المفاجأة التي فجرها رئيس الوزراء التركي رجب الطيب أردوغان في منتدى دافوس عبر الرد القاسي الذي وجهه إلى الرئيس الإسرائيلي شمعون بيريز واتهامه "بقتل الأطفال" ومن ثم انسحابه من جلسة النقاش. ولا شك بأن هذه الحادثة ستلقي بظلالها على الساحتين التركية والعربية، حيث توالت مواقف الترحيب بأردوغان "البطل". كما أشادت "حماس" بالموقف الذي اتخذته تركيا حكومةً وشعباً واعتبرت انسحاب أردوغان من الجلسة "انتصاراً لضحايا هذه المحرقة الصهيونية وعدالة القضية الفلسطينية".

بقي أن نسأل ونحن نستعرض المستجدات على الساحة العربية: أين العرب من كل ما يحدث ويدور حولهم بالخفاء والعلن..؟ ما هو الموقف العربي الرسمي من الحرب على غزة..؟ هل نستسلم لإرادة المبعوث الأميركي وتوصيات أوباما أم نكتفي بمواقف رئيس الوزراء التركي للذود عن كرامة العرب..؟
والجواب على هذه التساؤلات، كالعادة، باللا جواب..
إنها الحقيقة ـ المأساة التي نعيشها منذ مئات السنين ويبدو أننا ألفناها مع مرور الزمن..

إعلان الدوحة..

2009/3/25

جو ملبّد بهموم المصالحات وإرضاء الخواطر ومثقل بالملفات الاقليمية والدولية على أكثر من صعيد، يخيم اليوم فوق سماء الدوحة التي تستضيف القمة العربية الروتينية هي الواحدة والعشرون بعد قمة دمشق. وقد يتساءل المرء لماذا لا تتصدر أخبار القمة أو التحضيرات لها وتتقدم على سواها من الأخبار في وقت بات العرب فيه أكثر حاجة وإلحاحاً من ذي قبل إلى التلاقي للحوار والتشاور واستنباط القرارات والحلول لمشاكلهم العالقة والتي تزداد مع الأيام تفاقماً وتعقيداً.. غير أنه سرعان ما يحضر الجواب - إذ ليس في السؤال من جديد - إنها حالة الزهد السياسي أو حالة الاحباط التي أصبحت حالة عربية عامة في ظل الأنظمة اليائسة والمتخاصمة مع شعوبها، هذه الشعوب التي أقعدها التكرار والاجترار وجرّها إلى حيث لم يعد يجدي الترقب والانتظار.

وما هو جديد قمة الدوحة في انعقادها الواحد والعشرين الذي لم يدرج على جدول أعمال القمم سابقة.. بل ماذا يتوقع العالم العربي من توصيات الملوك والرؤساء عندما سيقرأ "إعلان الدوحة" في اختتام أعمال المؤتمر..؟
وكإني بما قرأت وسمعت أنه سيكون لمؤتمر القمة أكثر من عنوان وأبرزها: التصدي لتهويد القدس وهدم المسجد الأقصى، واتخاذ موقف موحد من قرار المحكمة الجنائية الدولية التي أصدرت مذكرة توقيف بحق الرئيس السوداني عمر البشير. طبعاً هذا بالاضافة إلى العناوين الأخرى "الكلاسيكية" التي كانت تدرج في كل انعقاد للقمة كالتضامن العربي، والحرب على غزة، والموقف

من العراق، والمصالحات الفلسطينية، ومشروع السلام.. وإلخ. وقد أصبحت هذه من بديهيات القمم وتوصياتها ومادة جاهزة لتنشر في اختتام الأعمال.

فبالنسبة للتصدي لتهويد القدس وحماية المسجد الأقصى، لم نسمع بأي عمل تحضيري أو لقاء تمهيدي لإعداد مشروع قابل للمناقشة واتخاذ القرار المناسب بشأنه. أما بالنسبة لمذكرة توقيف الرئيس البشير، فقد صدر عن اجتماع وزراء الخارجية العرب الذي انعقد يوم السبت الماضي، مشروع بيان ختامي ـ سيرفع إلى قمة الدوحة ـ يدعو إلى عدم التعاون مع مذكرة التوقيف الصادرة عن المحكمة الجنائية الدولية بحق الرئيس السوداني عمر البشير.

وهنا تستوقفنا عدة ملاحظات، لست أدري إذا كان الملوك والرؤساء العرب قد أولوها بعض الاهتمام قبل أن تتحرك فيهم الغيرة القبلية والنخوة العشائرية للوقوف إلى جانب السودان ورئيسه بدون تحفظات أو مراجعات..

ـ توزعت الآراء في اجتماع وزراء الخارجية بين رافض لمذكرة التوقيف واعتبارها تدخلاً بشؤون السودان الداخلية ودعوات إلى التضامن مع البشير، وقد ذهب القذافي إلى أبعد من ذلك معتبراً المحكمة الدولية شكلاً جديداً من أشكال الارهاب الدولي، وآخر متحفظ لا يوافق على الرفض المطلق، بل يدعو إلى التريث والسعي لدى المحكمة الدولية لتأجيل تنفيذ المذكرة لأن توقيف البشير سينعكس سلباً على وحدة السودان وأمنه واستقراره.

ـ حضور الرئيس السوداني المفاجىء إلى الدوحة وتأكيد الأخبار عن حضور بان كي مون لاحقاً على الرغم من حضور البشير.

ـ تغيب الرئيس المصري حسني مبارك عن قمة الدوحة عن سابق قرار وتصميم، وقد يستنتج منه عدم رغبته الوقوع في إحراج الرفض العربي للمذكرة الدولية.

وتجدر الاشارة هنا إلى أنه باستثناء الأردن، لم توقع أية من دول الجامعة العربية على معاهدة روما التي أنشئت بموجبها المحكمة الجنائية الدولية. وهنا قد تختلف الآراء حول ما إذا كان على الدول العربية الالتزام بقرارات هذه المحكمة أم لا.. أما الاشارة الثانية فهي كيف سيقابل الملوك والرؤساء قرارات المحكمة الدولية التي أنشئت مؤخراً للنظر في اغتيال الرئيس الحريري وسلسلة التفجيرات الأخرى التي طاولت لبنان..

لن نتطرق إلى البنود الأخرى المدرجة على جدول أعمال القمة لأن ليس فيها من جديد، وإن كانت تذكرنا في كل مرة بالمراوحة والاجترار العربيين. ولن نسأل ماذا حلّ بملف المصالحات العربية، من دون أن ننسى الخطابات والتوصيات والتمنيات والقرارات والبيان الختامي الذي يضحك له جميع الملوك والرؤساء أمام عدسات الصورة التذكارية..

أما الشعوب العربية المشبعة بالقهر والتي ترابط على شاشات التلفزة كل مساء، ليس لديها سوى التمني لجميع قيادييها "المناضلين"، الاقامة الطيبة بانتظار "إعلان الدوحة"..؟

❖

بريق يلمع في بحر من الظلام..

2009/5/3

مع اقتراب موعد الانتخابات النيابية في لبنان، المقرر إجراؤها في السابع من شهر حزيران 2009 أي بعد شهر واحد من تاريخه، يتسابق الفريقان من أهل السياسة ـ 14 آذار و8 آذار ـ في خطاباتهم وابتكاراتهم لسلب عقول وقلوب الناخبين ونيل تأييدهم يوم الاقتراع. واللافت للنظر هذه المرة أن الخطابين السياسيين قد اقتربا من بعضهما البعض إلى مسافة انعدمت معها أحياناً حدة التناقضات وشدة الخلافات التي كانت في أحسن حالاتها تؤدي إلى التهديد والتكفير والتخوين وفي جميع حالاتها تُدخل أمن واستقرار المواطن إلى دائرة الخطر..

وكأني بمن كان يسمع التحديات التي كانت تطلق من هنا وهناك وكانت تُدخل البلاد في الرعب والارباك، يقف مدهوشاً ومشدوداً لما يسمع ويحصل في مسلسل الانتخابات النيابية الذي قارب الحلقات الأخيرة منه، حيث تحولت التشنجات والمهاترات إلى بعض المرونة والتسامح وباتت "شهامة" كل منهم تسمح بالتحالفات الثنائية أو التنازل عن مقعد أو أكثر لصالح الخصم. وقد أخذت هذه "المواربات" أشكالاً مختلفة وتوزعت الآراء بين مؤيد ورافض ومستهجن، ومع هذا لم تتضح الصورة بعد: لقد اختلطت الأوراق وتلعثمت الخطابات وصار يلزم لكل تصريح من يفسّر أو من يبصّر أو ربما من ينجّم.. كل هذا على حساب أمن واستقرار المواطن.. وإذا ما عرضنا لبعض الوقائع في لبنان، نرى بوضوح كيف تتعايش التناقضات في هذا البلد العجيب الغريب، تماماً كما تتعايش الطوائف والمذاهب.

في التسمية: خلال أيام القطيعة بين فريقي السياسة في لبنان، كان يسمى فريق 14 آذار بالأكثرية النيابية الموالية للدولة بينما كان يسمى فريق 8 آذار بالأقلية المعارضة للدولة. ولما "زال المكروه" وتألفت حكومة "الوحدة الوطنية" وأصبح يشارك الجميع في مجلس واحد وفي كنف الدولة الواحدة، لم تتغير التسمية، فظل الحال على ما هو عليه وبقي 14 آذار يرمز إلى الأكثرية الموالية و8 آذار إلى الأقلية المعارضة مع فارق صغير (قد يكون كبيراً) وهو أن فريق المعارضة قد حسم أمره عسكرياً في السابع من أيار 2008 وقد أصبح "الأقوى" بالرغم من أنه "الأقلية".

في الخطاب السياسي: هناك إجماع بين أهل السياسة أن بلداً صغيراً كلبنان لا يمكنه إلا أن يكون تابعاً للخارج أياً كان هذا الخارج إقليمياً أو دولياً. وقد لا تؤثر هذه التبعية على قرارات مصيرية ربما، إلا أنه من المؤكد فهو لا يستطيع أن يكون حراً مستقلاً كما تقول الخطابات. وهنا، على امتداد ساحة هذا الوطن الصغير، تلعب المصالح الدولية دورها وتسخر القوى الداخلية لأغراضها ورغباتها. ومع أن الفريقين السياسيين في لبنان يعرفان هذه الحقيقة ويعملان بملء إرادتيهما لتنفيذ رغبات الخارج وتحقيق مصالحه، إلا أنهما يعملان على استفزاز واتهام بعضهما البعض لإثارة حساسية وإعجاب جمهور المشاهدين من المواطنين والناخبين، وكأن فيما يأتيه أحدهم "البطولة القاهرة"، وفيما يأتيه الآخر "الخيانة العظمى".

في القيم والحريات: يحكى عن لبنان أنه وطن التعددية الحضارية والحريات في محيط عربي يعيش على القمع والارهاب، وأنه كان السباق إلى نشر الفكر والثقافة في العالم. كما وأنه يحمل في تاريخه الطويل ما يزيد عن ستة آلاف سنة حضارة، من العمران

والاكتشاف والابحار والتجارة والصناعة إلخ.. ففي هذا الادعاء يتساوى الفريقان السياسيان في لبنان ولم ولن تحاول أية جهة خارجية، أجنبية كانت أم عربية، أن توقف أحدهما عن هذا الادعاء لأن فيه من السخافة ما يكفي لغض النظر عنه. وجل ما ترغب فيه الارادة الأجنبية هو أن يتلهى اللبنانيون، كما هو شأن غيرهم من الشعوب الضعيفة، بما شاؤوا شرط ألا يكون هناك ما يهدد أو يؤخر مشروعها الاستعماري.. وفي عودة إلى هذا الادعاء ـ البدعة، نسأل ونتساءل كيف ننظر إلى ستة آلاف سنة حضارة وعمر الكيان اللبناني بعد تقسيم سايكس ـ بيكو، لا يتعدى العشرات من السنين.

أما **الحرية** التي تعتبر "توأم لبنان" أو "الرئة" التي يتنفس منها اللبنانيون، فهي كلام فارغ من كل مضمون..

هل نتحدث هنا عن الحرية التي تقف عند حرية الآخرين أم أننا نعني قتل الآخرين الذين لا يوافقون على حريتنا؟

هل نتكلم عن حرية الرأي والتعبير مع احترام الرأي الآخر أم أننا نقصد لعن الرأي الآخر وتهديد من يخالفنا الرأي؟

هل نعني بالحرية المطالبة بالحقوق الضائعة عملاً بمبدأ العدالة والمساواة أم السكوت خوفاً من عقاب الأوصياء والأولياء؟

وللجواب على هذه التساؤلات، فإننا نحيلكم إلى ملفات الحرب اللبنانية التي بدأت عام 1975 ولم تنته فصولها بعد وإن كان يحاول البعض إقناعنا أنها أصبحت من "التاريخ".. فمن قمع وإذلال إلى اغتصاب وتعذيب وقتل وتشريد وما شئت من أشكال الرذيلة، كل هذا كان يمارس خلال الحرب اللبنانية وقد كلف لبنان ما يزيد على المئة ألف من القتلى ما عدا الجرحى والمعوقين، أضف إلى ذلك مسلسل الاغتيالات والتفجيرات الذي طاول العديد من المجاهرين بالحرية بين عامي 2005 و2008، وكل هذا

باسم الحرية والديمقراطية والحضارة التي ندعيها. فأين لبنان من محيطه "الجاهل" الذي لا يملك تراثاً كتراثنا وحضارة كحضارتنا أو حرية كحريتنا. ربما نسمح لأهل "المحيط" أن يبدوا آراءهم ولكن عليهم أن ينتظروا قليلاً لكي يمروا بالتجربة اللبنانية أي تجربة الحرب الأهلية، ويقوموا بما قمنا به من وحي حضارة الستة آلاف سنة، وبعد أن يتعدى عدد قتلاهم المئة ألف..

في النظام السياسي: وهنا يكمن بيت القصيد. يتسابق السياسيون للعمل على ما يحفظ النظام السياسي القائم في لبنان الذي يقوم على الطائفية والتوزيع المذهبي لأن عملاً كهذا يرضي جميع الأفرقاء. وليس من مصلحة أحد أن يُلغي الآخر لأنه مع سقوط الواحد تسقط المعادلة ويتعثر النظام. ويخطىء من يعتقد أن الارادة الأجنبية تعمل لصالح واحد دون الآخر أو أنها تحاول خرق الصف الوطني لإحداث خلل في النظام. لا بل على العكس من ذلك، فإن أخفق اللبنانيون في إعادة التوازن، فإن القوى الخارجية تمد يد العون وتدخل من أي باب لتقديم المساعدة وإعادة المعادلة إلى نصابها لأن ما يهمها هو الابقاء على النظام الطائفي الذي يكفل تخلف الشعب وإقصاءه عن السيادة الوطنية والأمثلة على ما نقول كثيرة.

يعيش المواطن في لبنان هذه الأيام لحظات من القلق والاضطراب متوهماً كما قيل له أن انتخابات اليوم هي الوقوف بين خيارين: إما الدولة بهيبتها وسيادتها وجميع أجهزتها وإما الدويلات والعودة إلى الوصاية، فأيهما يختار؟ فإذا اتجه خياره إلى قوى المعارضة، فهل صحيح أنه وراء مشروع وصاية جديد؟ وإذا اتجه خياره إلى الدولة والسيادة الوطنية كما يسوقون، فهل من يضمن أن قوى 14 آذار قادرة على تنفيذ برنامجها بمعزل عن قوى 8 آذار ومشهد 7 أيار لا يزال ماثلاً أمام أعيننا وهو يؤكد على أن قوى المعارضة

هي الأقوى بالرغم من أنها "الأقلية" وقد استطاعت فيما بعد أن ترغم الأكثرية على الدخول معها في حكومة "وحدة وطنية"..؟

***

الحقيقة التي لا تقبل الشك هي أن لبنان قد دخل عزلة مظلمة بعد أن تمادى الفريقان اللاعبان على الساحة السياسية بما يحملان في داخلهما من عصبية وأحقاد تفعل كالقنابل الموقوتة إذا ما انفجرت.
إنه الجهل السياسي أو التجاهل لا فرق.. فالنتيجة واحدة..!
ومع هذا لن نفقد الأمل بشبابنا وأطفالنا الذين يراقبون ويترقبون للانقضاض على كل الدمى التي تتحرك أمامهم. علهم فيما يفعلون بتريث وطول أناة، ذلك الأمل الذي طال انتظاره وإن كان حدوثه بعيداً، إلا أنه يبقى البريق الذي يلمع في بحر من الظلام..

خالد حميدان يرد على كلوفيس مقصود:
رؤية إصلاحية مثالية لنظام عربي غير موجود...!

ـ مقدمة ـ

2009/5/28 ـ جريدة "الجالية" ـ العدد رقم 50

قام مركز "الجزيرة" للدراسات مؤخراً بنشر ملف حول الأزمة التي يعيشها النظام العربي الرسمي ـ حيث شارك فيه عدد من الدارسين والمفكرين العرب ـ قدم خلاله الدكتور كلوفيس مقصود مراجعة نقدية ومقترحات عملية للخروج من الأزمة، نشرت في العدد السابق رقم 49 من جريدة "الجالية".
إننا وإذ عمدنا إلى نشر تلك المداخلة، فلأن الدكتور مقصود يكاد يكون من القلة القليلة أو ربما الوحيد الذي لا يزال يعالج الأزمات السياسية والاقتصادية في هذا الجزء من العالم على قاعدة القومية العربية التي ترتبط، بحسب اعتقاده، ارتباطاً وثيقاً بالفكر الوحدوي للأقطار العربية.
وبالمقارنة مع ما جاء في مداخلات الآخرين ممن شاركوا في الملف، يبدو د. مقصود في وادٍ والآخرين في وادٍ آخر، حيث أنه ذهب بعضهم إلى نفي وجود نظام عربي رسمي موحد (وهذا صحيح)، بينما اتجه البعض الآخر إلى توصيف حالات عربية ومنهم من قام بعروض تاريخية أو تحليلات سياسية، هي بمعظمها إن لم يكن جميعها، خارجة عن الموضوع الذي طرحته الجزيرة، قد تؤدي إلى زيادة البلبلة الفكرية بدلاً من أن تخدم موضوع التقارب العربي المطروح.

لذلك سأكتفي بالرد على ما جاء في مداخلة الدكتور مقصود علني فيما سأعرض، نقترب أكثر فأكثر مما قدّمه من مقترحات. وإنني في أي حال مدين للصديق د. كلوفيس بالكثير لما أخذت عنه من نهج موضوعي في التحليل وأدب الحوار، وقد كانت طروحاته الفكرية في أكثر من مناسبة حافزاً لي قوياً اضطرني إلى إعادة النظر والعودة إلى الينابيع. فإنني وإن كنت سأعترضه في بعض ما جاء في مداخلته إلا إنني أؤكد جازماً على أن ذلك يصب في مصلحة وإغناء الموضوع الذي طرحته الجزيرة على أمل أن تتبلور الرؤية في اتجاه اتحاد عربي حقيقي كامل المواصفات النهضوية والقانونية وبالتالي قيام "النظام الرسمي العربي" المنشود.

أولاً: هل هناك نظام رسمي عربي؟

إن السؤال الذي طرحته "الجزيرة" حول أزمة "النظام الرسمي العربي" والذي يتجه للوقوف على أسباب الأزمة وانعكاساتها على المرافق الحيوية في العالم العربي وبالتالي طرح الحلول الممكنة والاستشراف للمستقبل، قد لاقى الجواب المباشر في مداخلة د. مقصود إذ قال: " إن الأمة العربية على مستوى "نظامها الرسمي" هي فاقدة للمناعة.. والنظام العربي الرسمي القائم لا يشكل للشعوب العربية مرجعية موثوقة توجهها، ولا إطارا ينظم مسيرتها ويضبط خطواتها". ثم يضيف: "هذه الصورة القاتمة ليست ناشئة من فراغ، بل بعض أسبابها يكمن في التباين واختلاف الظروف الموضوعية التي أدت إلى إنجاز استقلال الدول العربية في مراحل مختلفة، ومن تعدد القوى الاستعمارية والمهيمنة، التي أفرزت بدورها طواقم محلية انبهرت بمظاهر "السيادة" وما أفرزته من مصالح أدت إلى تفاوتات اجتماعية واقتصادية بين أقطار النظام العربي وداخل كل منها".

قد تبدو نظرة د. مقصود واقعية وجديرة بالدراسة والتحليل لو كان المعني بالأزمة أمة واحدة موحدة بأرضها وشعبها وتعاني (كما

يقول) من فقدان المناعة. لكن والحديث عن دول عربية مختلفة ومتعددة الأهواء والنزعات والايديولوجيات، فليس ما يبرر هذا القول وليس هناك من طرح واحد أو رؤية واحدة صالحة لحل الأزمة القائمة.

هذا من جهة، أما تسمية "النظام الرسمي العربي" وكأن هناك نظاماً رسمياً عربياً واحداً، هو افتراض بغير محله لكثير من الأسباب إذ يختلف النظام السياسي المعمول به في العالم العربي من دولة إلى أخرى. وإن كان الرد على اعتراضنا هذا بأن التسمية جاءت باعتبار ما يجب أن يكون، أعتقد أنه لا تصح التسمية واعتبار مثل هذا النظام قائماً إلا متى اكتملت العناصر المكونة لقيامه. وبعد ذلك تصح المراجعة النقدية وتظهير الأزمة التي يعاني منها النظام، كما يصح طرح الحلول الملائمة لها.

أضف إلى ذلك أن النظام السياسي في العالم العربي ليس واحداً أو متجانساً، كما أنه ليس هناك اتحاد قائم يوجب على الأقطار العربية الالتزام بالنظام الواحد. ففي الهوة الواسعة القائمة بين المملكة والأمارة، والجمهورية والجماهيرية، والسلطة والسلطنة، تتعثر هوية النظام وطبيعته، ويكاد أن يكون لكل قطر عربي نظام سياسي خاص به. وبانتظار أن تزول الحدود وتُكسر القيود، وبانتظار أن تعاد قراءة التاريخ والجغرافية، فلا مبرر للاسراع في طرح افتراضات لا توصلنا إلى هدف، وخاصة الادعاء بوجود "نظام رسمي عربي".. وبرأيي المتواضع، كان على كل من شارك في هذه الدراسة أن يتوقف عند هذا الحد. ذلك أن كل ما سيلحق، وإن كانت في بعضه تحليلات قيمة، إلا أنه يبقى خروجاً عن الموضوع أو إجابات على أسئلة غير مطروحة في ملف الجزيرة..

من هنا أرى أنه قد يكون إيجابياً ما طرحه الدكتور مقصود، إلا أنني أتحفظ على النتائج للاعتبارات التي سبقت، مع التأكيد على

الرأي بأن النظام السياسي الصالح يلزمه الأرضية الصالحة للتطبيق.

ثانياً: لزوم الوعي القومي لاثبات الحق وليس لقيام النظام؟

يركز كلوفيس مقصود على ضرورة وعي الأجيال الصاعدة للحقيقة القومية والتفاعل مع مشروع تنمية مستدامة يعيد النجاعة للنهضة ويرسخ القناعة بوحدة المصير العربي المرتبط بالوحدة العربية. ويقول في هذا المضمار: "يتطلب هذا الواقع مراجعة عميقة لمفهوم القومية ولإعادة تعريفها، بما يلبي أمن وأمان الانسان العربي، ويحدد بشكل واضح ماهية الثوابت، ومن ثم تمكينها من التكيف مع المستجدات والمتغيرات المتكاثرة".

وهنا أيضاً يدخل الدكتور مقصود بالافتراضية عندما يعتبر بأن على الأجيال الصاعدة أن تتفاعل مع مشروع التنمية المستدامة لاستعادة العمل النهضوي، وفي هذا ما يوحي وكأن عامل النهضة قد توقف في العالم العربي (وهو لم يبدأ بعد) نتيجة فقدان البوصلة والمرجعية الموثوقة بعد أن قطع أشواطاً بعيدة. وبمعنى آخر يعتبر د. مقصود بأن النهضة تمر في حالة مرضية مؤقتة وأن الحل سيكون حتماً على الطريق السوي متى تمت "استعادة النهضة" بفعل الوعي القومي. كل هذا من غير أن يشرح كيف تتم مراجعة مفهوم القومية أو إعادة تعريفها، لنتمكن من فهم كيف تستعاد النهضة. والواقع الذي نعرفه جميعاً هو أنه حتى هذا التاريخ من عمر العالم العربي، لم تبدأ فيه نهضة قومية حقيقية بعد، لأن البلدان العربية تعيش في فوضى المفاهيم والبلبلة الفكرية ولم تحسم أمرها بعد من القواعد الأساسية التي حتمت نشوئها، فكيف لها أن تعي حقيقة لم تكتشفها بعد..؟

وإذا كان لنا أن نقف على تعريف لمفهوم "الأمة" نقول بما توصل إليه الباحثون والمؤرخون، أي إنها وحدة الشعب (وليست وحدة

الشعوب) التي تولدت من وحدة الحياة على مدى حقب تاريخية طويلة في بيئة جغرافية واحدة. و"القومية" (أو الوعي القومي) هي تنبه أو إدراك هذه الأمة لوحدة الحياة على أرضها الواحدة ولشخصيتها ومميزاتها ووحدة مصيرها، بحيث تنشأ معها رابطة المجتمع الوطنية القائمة على وحدة المصالح الحيوية والنفسية، وليست رابطة فئة أو دين أو طائفة.

أما "النهضة القومية" التي يكثر الكلام عنها في هذا المجال، هي الأخرى ذات مدلول واضح لا يمكن أن يعني شيئاً خارج إطار الأمة المعنية، ذلك أن النهضة تحتم وحدة العمل الجماعي والاجتماعي فيما يخدم تطور وارتقاء الأمة انطلاقاً من الوعي القومي الذي مرّ ذكره.

إن الوقوف على ما تعنيه هذه المصطلحات يسهّل علينا فهم معنى الدولة وشكل النظام السياسي أو الثقافي التي تعمل من خلاله. فإن كانت الدولة تعني المظهر السياسي لمجموعة بشرية معينة، فذلك يؤكد حتماً أنه لا يمكن الخوض بنظامها السياسي أو سيادتها الوطنية خارج نطاق الوجود الحقوقي الطبيعي الحاضن لها ـ أي الأمة ـ وبالتالي حيث لا أمة لا دولة وحيث لا دولة لا نظاماً سياسياً ولا سيادة. وكل ما يقال في هذا المجال عن وطن عربي أو نهضة عربية أو نظام رسمي عربي، هو من وحي الخيال ولا يمت إلى الحقيقة بأية صلة.

هذا من دون أن يغيب عن بالنا أن واقع العالم العربي هو واقع أمم ومجتمعات متقاربة يسهل التعاون أو تشكيل جبهة تعاونية فيما بينها على أساس اتحاد يشبه الاتحاد الأوروبي، يكون قوة فاعلة في تنظيم وتطوير المصالح العربية المشتركة، مع الاشارة إلى أن الوحدة غير الاتحاد وأن لكل منهما خصائص مميزة وأصولاً مختلفة وإن كان الكثير من الباحثين يخلطون بينهما.

ولسنا هنا في معرض المقارنة بين الوحدة والاتحاد من حيث الشكل والمضمون. إلا أنه لا بد من تعريفهما في هذا السياق حتى لا نذهب بعيداً في استخدام الكلمتين وكأنهما يعبران عن شيء واحد. هذا من جهة، ومن جهة أخرى لكي نكون منسجمين مع أنفسنا في توصيف وتعريف كل مصطلح يستخدم في بحث علمي كالذي نحن بصدده الآن، فنقول: الوحدة هي فعل طبيعي يقوم في المجتمع الواحد أي بين أعضاء الجسم الواحد، بينما يقوم الاتحاد أو الجامعة بين عدة مجتمعات ـ أي بين عدة أجسام ـ لأنها تشترك فيما بينها بقواسم ومصالح مشتركة، وهذه هي الحال بين أمم العالم العربي. وحتى في هذه الحال، لا يمكن للاتحاد أن يقوم إلا بتوافر شروط قانونية ثلاثة كأي عقد أو إتفاق قانوني آخر. وهذه الشروط هي: أهلية التعاقد، الارادة الحرة للمتعاقدين ومشروعية الموضوع المتعاقد عليه.

ونخلص إلى القول بأن الوعي القومي، الذي ذكره الدكتور مقصود في مداخلته وشدد على تحقيقه من أجل "استعادة المرجعية الموثوقة"، يصلح لإثبات الحق القومي وتحديد الاطار الطبيعي والحيوي للأمة وليس لقيام نظام سياسي رسمي، أياً كان شكل هذا النظام. وفي واقع العالم العربي، سيكشف الوعي النقاب عن وجود عدة أنظمة عربية لا عن نظام رسمي واحد..

ثالثاً: جامعة الدول العربية أداة غير مؤهلة لتأسيس اتحاد عربي.
يقول د. مقصود: " إن من شأن تعريف عروبة الهوية أن يساهم في اتباع نهج السياسات الوقائية لاجتناب النزاعات العرقية الطائفية والقبلية". وفي سياق الرؤية الاصلاحية التي يطرحها يضيف: "استطرادا، يجب أن يوفر النظام الرسمي العربي آلية للدبلوماسية الوقائية، وجهازا للانذار المبكر حتى لا تتحول

الخلافات إلى نزاعات، ومن ثم إلى حروب أهلية.." وفي مكان آخر يقول : "ولا بد من التغيير في هيكلية مؤسسات الجامعة العربية بحيث تتحول الجامعة من مجرد جامعة حكومات إلى جامعة دول، بمعنى أن الدولة هي حكومات ومجتمعات مدنية".

وللرد على هذا الطرح نقول:

1 ـ إذا ما اعتمدنا على التحليل المنطقي، نجد أن أولويات التطبيق العملي تختلف عن أولويات الطرح النظري. فلكي يأتي عمل الجامعة العربية بما يشتهي د. مقصود، يجب تنفيذ الأعمال التالية بحسب الترتيب الآتي:

أ ـ مراجعة دقيقة لمفهوم "الأمة" و "القومية" و "النهضة" وغيرها من المفاهيم وتعريف المصطلحات المستخدمة كي لا يحصل تباين في الفهم. أما من هو المؤهل لهذه المراجعة..؟ فلا الدكتور مقصود يعرف ولا نحن نعرف..

ب ـ تلقين المفاهيم التي تخرج بالمراجعة الدقيقة إلى جميع المجتمعات العربية، على اختلاف مفاهيمها وانتماءاتها الحالية واختلاف مستوياتها الفكرية، وقد تتعارض معظمها مع مفهوم الدكتور مقصود.. وهنا أيضاً نطرح السؤال التالي: من سيكون ذلك الملقن الصالح لهذه المهمة..؟ فلا الدكتور مقصود يعرف ولا نحن نعرف..

ج ـ وهنا سنسمح بالافتراض بأن ما ذكر في البندين الأول والثاني قد تحقق فعلاً (أي أنه تم الوعي القومي لدى الشعوب العربية). فالمرحلة التالية يجب أن تكون ـ بحسب خطة د. مقصود ـ تحويل الجامعة العربية من جامعة للحكومات إلى جامعة للدول (أي حكومات ومجتمعات مدنية). وهنا أيضاً يطالعنا سؤال كبير: كيف ستسمح حكومات أو أنظمة، مضى على استئثارها بالحكم وتربعها على عروش السلطة والمال عقوداً من الزمن، أن تتنازل لشعوبها بأن تشاركها امتيازاتها..؟ هذا وإن حصل، فلا يتحقق إلا بفعل

ثورة مسلحة ـ قد يلزمها عشرات البنود أو أكثر لشرح مراحلها ـ فهل فيما طرحه الدكتور مقصود يعني قيام ثورة الشعوب المسلحة على الحكام..؟ فلا الدكتور مقصود يعرف ولا نحن نعرف..

2 ـ عندما قامت فكرة العمل التعاوني بين الدول العربية بعد الحرب العالمية الثانية، أسفرت المشاورات عن تبلور اتجاهين رئيسيين بخصوصه: الاتجاه الأول يدعو إلى ما وصف بالوحدة الاقليمية ومثالها سوريا الطبيعية أو الهلال الخصيب. والاتجاه الثاني يدعو إلى نوع من اتحاد أشمل ويتضمن رأيين فرعيين أحدهما يدعو إلى وحدة فيدرالية أو كونفدرالية بين الدول المعنية والآخر يطالب بصيغة وسط تحقق التعاون والتنسيق في سائر المجالات وتحافظ في الوقت نفسه على استقلال الدول وسيادتها.

وعندما اجتمعت لجنة تحضيرية من ممثلين عن كل من سوريا ولبنان والأردن والعراق ومصر في أواخر العام 1944، رجحت الاتجاه الداعي إلى وحدة الدول العربية المستقلة بما لا يمس استقلالها وسيادتها. كما استقرت على تسمية الرابطة المجسدة لهذه الوحدة بـ "جامعة الدول العربية". وعلى ضوء ذلك تم التوصل إلى بروتوكول الاسكندرية الذي اعتبر أول وثيقة تصدر عن الجامعة. وقد اعترف البروتوكول بسيادة واستقلال الدول المنضمة إلى الجامعة بحدودها القائمة فعلاً. كما اشتمل على قرار خاص بضرورة احترام استقلال لبنان وسيادته، وعلى قرار آخر باعتبار فلسطين ركناً هاماً من أركان البلاد العربية.. (وكأن في البندين الأخيرين خطاً أحمر وتحذيراً واضحاً بعدم التدخل أو المساس باستقلال لبنان و"الركن" الفلسطيني). وهذا بالطبع، ما أملاه الانتداب البريطاني على المجتمعين.

من الملاحظ أنه تزامن قيام الجامعة العربية مع "منح" الاستقلال للدول العربية الواحدة بعد الأخرى، مع العلم أن المستعمر لم يكن ليسمح بالاستقلال الوطني إلا بشروطه. وقد كانت، ولا تزال، أهم

هذه الشروط رضوخ المتعاملين معه لإرادته الاستعمارية. ونذكر في هذا السياق ما جاء على لسان المؤرخ يوسف يزبك عندما تحولت دولة لبنان إلى جمهورية إذ قال: "هذه الجمهورية هي ذات الجمهورية التي جعلها "الميثاق الوطني" دولة الاستقلال، ولم تكن في الواقع إلا امتداداً للحكم الاقطاعي فالحكم الاستعماري". وهكذا كان بالنسبة للجامعة العربية، فقد جعل منها الميثاق جامعة للأنظمة وليست جامعة للشعوب، برعاية الانتداب البريطاني في ذلك الحين وتكريس هيئة الأمم المتحدة فيما بعد.

من هنا، يتضح أن كل تغيير سيطرأ على واقع العالم العربي بحالته الراهنة، في قيام وحدة أو اتحاد، في توقيع اتفاقية أو معاهدة أو بروتوكول، ثنائياً كان أم جماعياً، سيخضع، بدون شك، إلى الرقيب الوصي. بالأمس كان البريطاني واليوم الأميركي. ومن يكون في الغد..؟ فلا الدكتور مقصود يعرف ولا نحن نعرف..

وباختصار نقول، والحالة على ما هي في العالم العربي من وهن وتراجع وتناقض، ليس هناك ما يشير إلى إمكانية الاعتماد على جامعة الدول العربية لإجراء أي تغيير يذكر، خاصة إذا كان هذا التغيير يتناول الجامعة في دورها: **من جامعة حاضنة للأنظمة المتسلطة على شعوبها إلى جامعة حاضنة للشعوب الناقمة على أنظمتها..**

رابعاً: العودة إلى الينابيع.. الخطوة الأولى على طريق الخلاص

ففي استعراض لما جاء في المداخلة حول النظام الرسمي العربي، يتراءى لنا د. مقصود في نظرته للواقع العربي، إلى جانب معرفته وخبرته الطويلة في العمل السياسي والدبلوماسي والقانوني، ذلك الأب العطوف الخائف على ولده من الضياع في خيارات الدنيا ومغرياتها. فتراه مراقباً ومترقباً ومحاسباً، وكأنه يلحق "بولده" من

مكان إلى آخر خوفاً عليه من الانزلاق في مستنقعات المجهول حيث لا عودة تنتظر ولا أملاً يرتجى.

لقد آمن بالوحدة العربية على قاعدة القومية كمدخل إلى خلاص "شعوب" العالم العربي التي شردها التمزق والجهل. والوحدة يلزمها الشعور بالوحدة أو ما يسمى بالوعي القومي. ويتبع ذلك قيام النهضة القومية التي، إذا ما انتصرت، تؤدي إلى الوحدة. وقد استعرضنا في هذه المداخلة القصيرة العيوب الكثيرة التي تعتري العمل النهضوي في عالمنا العربي، وأهمها البلبلة الفكرية السائدة ووجود الحواجز الكثيرة التي وضعتها الدول المستعمرة وأسست لها الروادع القانونية سواء في ميثاق الجامعة العربية أو في ميثاق الأمم المتحدة، حتى أصبح كل عمل اجتماعي أو نهضوي يهدف إلى الوحدة وإعادة اللحمة بين أبناء الشعب الواحد، هو بنظر الشرعة الدولية من "أعمال الشيطان" أو "الإرهاب".

نضم صوتنا إلى صوت الدكتور كلوفيس مقصود في دعوته للعودة إلى الينابيع والمراجع والثوابت لاستنباط ما يخدم القضية ويوضح الرؤية ويعيد الأمور إلى قواعدها ونصابها، وإننا على يقين بأن ذلك سيوصلنا إلى غير المكان الذي يريده د. مقصود. فإننا وإن كنا لا نوافقه الرأي فيما طرح من نظريات ومقترحات للخروج من الأزمة المستعصية للأسباب التي سبقت، إلا أننا نقدر فيه الرؤية الاصلاحية المثالية التي تطرق لها، لنؤكد مجدداً أنه طرح بغير محله لكون "النظام الرسمي العربي" اسماً لغير المسمى والرؤية الاصلاحية المثالية يلزمها الأرض الصالحة للتطبيق..

مع أصدق التحية والاحترام.

ماذا لو أوقف الضخ ليوم واحد..؟

2009/10/29

كشف التحالف الدولي لملاحقة مجرمي الحرب كواليس جلسة مجلس حقوق الانسان التابع للأمم المتحدة في جنيف، لمناقشة تقرير القاضي ريتشارد غولدستون الذي يتهم إسرائيل بارتكاب جرائم حرب في قطاع غزة، وقال إن دول ما يعرف بالعالم الحر لجأت إلى أساليب غير أخلاقية وغير متزنة وأدخلت الترهيب والترغيب طرفا في قضايا العدالة الدولية لوقف تبني التقرير.
وأصدر التحالف تقريرا خاصا عن الجلسة سلط فيه الضوء على ما جرى وراء الكواليس، وأورد مثلا مواقف ما يعرف بدول العالم الحر بجملة قالها أحد أعضاء الوفد الأوروبي مفادها أن الحرب على غزة هي "مجرد مشكلة فلسطينية، فلماذا تبذلون كل هذا الجهد من أجلها!".

هذا التصور الغني بالمعاني السلبية لا يحتاج التوقف عنده، بل سيتم التركيز على الموقف الرسمي للاتحاد الأوروبي الذي برز في ثلاث نقاط أساسية هي أن التقرير بنصه الحالي غير متوازن ومنحاز، وأنه في حال المصادقة عليه بشكله الحالي سيضر بعملية السلام وجهود السلام في المنطقة، واقتراح حذف كل إدانة لإسرائيل مقابل امتناع دول الاتحاد الأوروبي عن التصويت.
كما تجلى الموقف الفرنسي بعدة نقاط تحمل عدائية واضحة في أروقة المجلس وضغوطا لوقف القرار والتقدم بعرض شطب أي إدانة لإسرائيل مقابل الامتناع عن التصويت.

بلجيكا كانت ضد التقرير خاصة بعد اتصال الرئيس الاسرائيلي شمعون بيريز مباشرة بوزير خارجيتها، وقد أجرى الوفد النرويجي وأطراف أخرى مفاوضات جيدة لإقناع بلجيكا بالامتناع فقط عن التصويت.

اليابان أوشكت أن تصوت ضد التقرير، وبعد جهد من التحالف الدولي تم التوصل إلى اتفاق بالامتناع عن التصويت.

قرغيزستان انسحبت من الجلسة بعد صفقة بين سفير إسرائيل وسفيرها لا تخلو من وعود عسكرية.

سلوفاكيا كانت ستمتنع عن التصويت، ولكن إسرائيل هددت بتجميد صندوق استثماري مشترك بين البلدين فانصاعت وصوتت ضد التقرير.

واجهت الأرجنتين ضغطا أميركيا كبيراً كما هددت إسرائيل باستخدام نفوذ الجالية اليهودية في الأرجنتين للاطاحة بالسفير نفسه، وبعد ضغوط من التحالف وبعض الدول أجرى السفير اتصالا بخوليو كوبوس نائب الرئيس الأرجنتيني فأمره بالتصويت مع التقرير.

هذه بعض العينات لكيفية تعامل الصهيونية مع قضية مركزية كهذه للانتهاكات الدولية والانسانية والتي كان يجب أن يتوفر لصالحها الاجماع.. قد نجد للدول الغربية ما يبرر موقفها المعادي للعرب والداعم لإسرائيل ولو كانت هذه الأخيرة على خطأ، إلا أننا لا نجد ما يبرر للعرب مواقفهم غير الواضحة والتي تصب في النهاية في المصلحة الاسرائيلية.

لقد كشف هذا التقرير دور الصهيونية في تبني الكيان الاسرائيلي، كما رفع الغطاء عن جرائم الحرب وخروقات القانون الدولي والانساني خلال العدوان على قطاع غزّة. وكون التقرير يفضح الموقف الصهيوني، تهجمت إسرائيل على التقرير وعلى رئيس لجنة التحقيق، مع العلم أن ريشارد غولدستون هو يهودي أباً عن

جد. هذا ما يفسر الموقف الصهيوني ووقوفه بوجه كل من يتعرض لإسرائيل في سياساتها أو ممارساتها العدوانية.

كنا ننتظر أن يتوقف العرب عند هذا التقرير غير العادي حيث تتلقى إسرائيل الادانة من أكبر مرجعية دولية، وأن يعملوا على استغلال الحدث إلى أقصى حدود الاستغلال، إذ من الممكن أن يشكل رؤية مفصلية جديدة للصراع العربي الإسرائيلي: إنه كشفٌ صارخ للنوايا الاسرائيلية العدوانية المدعمة من الصهيونية العالمية وغير المرضي عنها من كثير من الجهات والمجموعات اليهودية في العالم. إنها فرصة نادرة للتأثير في الرأي العام الدولي وجعله لصالح القضية العربية، وأن لدى العرب من الموارد الحيوية والصفقات التي لم تستخدم بعد، ما يساعدهم على توجيه الدفة بفعل "المصالح" التي تعتمدها الدول في القرارات المصيرية. وقد يجدي التهديد بما لا يستطيعه الفعل أحياناً..

ماذا لو هدد العرب بإقفال الموانىء البحرية والجوية ليوم واحد على الأقل..؟
ماذا لو هدد العرب بإقفال قناة السويس ليوم واحد على الأقل..؟
ماذا لو هدد العرب بوقف ضخ البترول ليوم واحد على الأقل..؟
ماذا لو سئل العرب: هل من يستطيع الاجابة على سؤال واحد ولمرة واحدة على الأقل..؟

السودان يدق طبول خارطة الطريق..

2010/10/3

بات من الواضح أن انفصال الجنوب في السودان أصبح من المرجح والأكثر توقعاً بين الخيارات الأخرى بانتظار الاستفتاء الشعبي المقرر في شهر كانون الثاني القادم الذي سيحسم فيه الموقف. وعشية هذا الاستحقاق غير المألوف، لا بد من الامعان في هذا المشهد الانفصالي الذي - إذا قدّر له أن يتحقق - لن يتوقف عند السودان بل ربما سيكون التمهيد لغيره من الانفصالات أو الانقسامات على امتداد العالم العربي، وبالتالي سيكون الآتي أعظم..

وإذا وقفت هيئة الأمم المتحدة والقوانين الدولية الملحقة بها، حاجزاً بوجه الراغبين في الانفصال والتقسيم لمدة سنوات طويلة، إلا أن الرغبة لدى هؤلاء لم تفقد من حدتها وعزمها طالما أن هناك دولاً تدغدغ عواطفهم وتعزف على أوتارهم في تعبئة طائفية أو إثنية تجعل منهم أكثر رغبة من ذي قبل، في الانفصال والاستقلال. ويبدو أنه حان الوقت لتنفيذ الحلم بعد أن فقدت الأمم المتحدة هيبتها وسقطت ورقة التوت عن عورتها، في أعقاب الحرب على العراق والاحتلال الاسرائيلي الذي يمعن بقتل وتشريد الشعب الفلسطيني على مرأى ومسمع من العالم بأسره.

ومن الطبيعي أننا كنا ننتقد المستعمر أو المحتل أو المنتدب (لا فرق بينهم) الطامع في أرضنا وحقنا ونحمله مسؤولية كل تقسيم يحصل على أرضنا الوطنية. فكانت الامبراطورية العثمانية طوراً وقد استولت على جميع الأراضي العربية بدون استثناء. وكان

الحلفاء تارة في فترة الحرب العالمية الأولى وتحديداً روسيا وفرنسا وبريطانيا الذين وقعوا على إتفاقية سايكس ـ بيكو. وكان الانتدابان الفرنسي والبريطاني في الفترة الواقعة فيما بعد الحرب العالمية الأولى وحتى تسليم فلسطين إلى اليهود في العام 1948 بعد استصدار قرار التقسيم عام 1947 تنفيذاً لوعد بلفور.

أما اليوم، والحالة العربية على ما هي من التشرذم والضياع والاستهتار، رغم استقلال جميع الأقطار والكيانات، فمن نحمل المسؤولية في رغبة الحركة الشعبية في الجنوب بالانفصال عن الشمال حيث المؤتمر الوطني الحاكم. فهو بالشكل الظاهر رغبة المسيحيين في الانفصال عن المسلمين. أما في حقيقة الأمر فهي رغبة المستعمر في السيطرة على موارد السودان الطبيعية، وليس من حيلة سوى بتشجيع الانفصال وتقسيم البلد وإضعافه.

في التاسع من شهر كانون الثاني 2011 سيجرى الاستفتاء الشعبي لتقرير مصير السودان، وحتى الأمس لم يكن السودان مستقلاً: لقد كان على مر العصور مرتبطاً بخديوي مصر، وإن "الثورة المصرية" بقيادة جمال عبد الناصر هي التي اعترفت باستقلال السودان، بتوافق بريطاني مصري لإنهاء الاحتلال (أو الانتداب) البريطاني والاعتراف بالثورة المصرية..!

وهنا نطرح السؤال في كل مرة نواجه معضلة مستعصية كهذه: إذا كان الأجنبي الطامع في حقنا وأرضنا ـ وقد بات هذا من المسلمات ـ يعمل على تشجيع الانفصال والتقسيم مستخدماً الغرائز الدينية والإثنية لتحقيق مآربه، فما بالنا نحن لا نقطع الطريق عليه بالرفض والمواجهة. أما آن لشعوبنا أن تتخلص من عقدة الخوف وتشمخ بكبريائها إلى أعلى..؟

ماذا سيحل بالعراق إذا نجحت تجربة السودان..؟ وماذا سيحل بلبنان.. وماذا سيبقى من فلسطين..؟

هل تقرير المصير في السودان يقرع الأجراس ويدق الطبول لبدء تنفيذ خارطة الطريق وإخراج معالم الشرق الأوسط الجديد إلى العيان.. علنا نصحو من سباتنا ونعي الحقيقة قبل فوات الأوان. يجب أن ندرك، إلى أي دين أو طائفة انتمينا، أننا ننتصر ببعضنا البعض إذ ننتمي إلى وطن نفتديه فيحضننا، وليس إلى قبيلة نحضنها فتعرّينا.

فلسطين.. التحديات المصيرية في ظل الواقعية العربية..

2010/5/5

من الملاحظ، أنه بعد اغتصاب الأرض الفلسطينية على أيدي الصهاينة ـ عام 1948 ـ الذين أداروا الظهر للقيم الانسانية التي تقوم عليها شرعة حقوق الانسان، والقواعد الاجتماعية التي تنظم العلاقات الأدبية والقانونية بين أعضاء الأسرة الدولية تحت مظلة هيئة الأمم المتحدة.. من الملاحظ كيف اجتاحت العالم العربي ثورة عارمة على العادات والتقاليد القائمة، حتى الثوابت الوطنية منها، بتوجيه من الصهيونية العالمية بهدف توجيه الأنظار عن الجرائم التي ارتكبتها، ولا تزال، بحق الشعب الفلسطيني الآمن، وإعطاء كل جديد خارج عن المألوف تبريراً مضللاً باسم الحداثة أو التطور أو الثورة على القديم الذي لم يعد صالحاً لمجاراة العصر "الحديث" في تقنيته ونظرة الانسان فيه إلى الكون والحياة. وكأن التبشير بالحداثة هذه دعوة لنا إلى الاقلاع عن قيمنا وتراثنا وثوابتنا، وفي طليعتها التخلي عن حقنا القومي في مواجهة الانحلال الاجتماعي والانحراف الوطني الحاصلين، ليتمكن المحتل من مصادرة مواردنا الطبيعية والتحكم بقراراتنا المصيرية بعد إحكام السيطرة على الأرض الوطنية..

لم تتمكن الحركات الوطنية في المشرق العربي، رغم المحاولات المتعددة، من الوقوف بوجه التيار الاستعماري الآخذ باجتياح المنطقة بوسائله العدوانية كافة حتى تمت تجزئة القضية القومية

بعد أن تمت تجزئة الوطن إلى كيانات متعددة متضاربة المصالح.. وأسوأ ما ظهر في تلك المرحلة، هو تخاذل المؤسسات الطائفية وقبولها بالتقسيمات التي وضعها المستعمر بالاضافة إلى اعتراف المنظمة الدولية باستقلال هذه الكيانات وتثبيتها نهائياً حيث وضعت فيما بينها، بالاضافة إلى الحدود الجغرافية، حدوداً إدارية تضمن عدم تدخل الواحد بالآخر بموجب القوانين الدولية، فقطعوا بذلك الطريق على المطالبين بالوحدة والسيادة القومية. وهكذا تم لاحقاً تفسيخ القضية الوطنية الكبرى، فأصبحت المسألة الفلسطينية "قضية" الشعب الفلسطيني ومسألة الجنوب اللبناني "قضية" الشعب اللبناني ومسألة الجولان "قضية" الشعب السوري والحرب على العراق قضية ومعاناة الشعب العراقي. ومن المؤسف أن عدداً كبيراً من المثقفين والمفكرين قد تخلوا عن خطهم النضالي وارتموا في أحضان التنين.. وبدلاً من أن يسمى سلوكهم هذا تخاذلاً أو انحرافاً، فقد سمي بسلوك "الواقعية" الذي لا يعني شيئاً غير الاستسلام والخضوع للأمر الواقع.

ولا شك أن من تابع الأحداث التي كانت تجري على كيانات الهلال الخصيب أو المشرق العربي، يتذكر كيف تم القضاء على الأصوات الوطنية التي كانت تنتقد الهيمنة الاستعمارية وتطالب برحيل الجيوش الأجنبية عن البلاد، حتى انتهى بنا المطاف إلى نيل "استقلال" مزيف كان بمثابة الضربة القاضية لاخماد كل حركة تبشر بالنهضة القومية ووحدة الأرض والشعب. ونذكر في هذا المجال الحركة القومية الاجتماعية وعصبة العمل القومي وحركة القوميين العرب والمجمع العلمي العربي وكثيراً غيرهم.. والملفت للنظر أن كلاً من هذه الحركات كانت تلقى الصدى المردد والقبول الصادق من القواعد الشعبية لأنها كانت تعبّر عن تطلعات وطموحات الشعب في نيل الاستقلال الوطني، ما حدا بالدول

الغربية المستعمرة إلى أن تخطط لتقليص وإزالة دور تلك الحركات، والمحاولات جارية منذ ذلك التاريخ للقضاء عليها نهائياً.. وكان للاضطهاد الذي لقيه بعض المنادين بالحرية والاستقلال دور كبير في انحرافهم عن الخط الوطني والالتزامات القومية، فراحوا بالهرولة والهذيان يفتشون عما ينسبون إليه عملهم ـ مع الاحتفاظ بالعنجهية العربية ـ فلم يجدوا غير كلمة "الواقعية". لقد سقط هؤلاء في مستنقع "الواقعية" وخضعوا للأمر الواقع الذي فرضه أعداء الأمة على شعب متعطش للنضال من أجل الحرية، كاد أن يثور وينتصر..

وها نحن اليوم، بعد مرور ستين عاماً أو أكثر على السقوط في أحضان "الواقعية" أو "الاستقلال" (لا فرق)، نواجه الانحدار والانحلال في أعلى درجاتهما:

ـ نطالب بتقسيم الكيانات (القاصرة) بعد أن كنا نطالب بالوحدة القومية وضم هذه الكيانات إلى بعضها البعض..

ـ نشجع على العصبية الدينية والقبلية بعد أن اجتزنا مراحل متقدمة في نبذ الطائفية والمذهبية..

ـ الارادة الأجنبية تمسك بالقرار الوطني وبالأذناب التي تنفذ القرار..

ـ نشتم ونتهم ونخوّن ونتكاذب طوال النهار على مرأى من عيون الشعب، وفي المساء نتعانق ونتصالح ونقبل الوجنتين وما "ملكت أيدينا"..

ـ كانت فلسطين قضية العرب الأولى، فأصبحت اليوم مشكلة العرب الأولى. أما القضية فتتأرجح بين حماس والسلطة حتى إشعار آخر..

ـ الدعوات القومية لم تعد مقبولة لدى المناضلين المثقفين بحجة أنه تعداها الزمن. أما تفسير هذه المقولة، فإنني أتركه إلى أهل الاختصاص "الواقعيين"، لأنني بصراحة لا أفهم ماذا يقولون..

ـ كشف تقرير القاضي ريتشارد غولدستون في العام الماضي عن دور الصهيونية في تبني الكيان الاسرائيلي، كما رفع الغطاء عن جرائم الحرب وخروقات القانون الدولي والانساني خلال العدوان على قطاع غزّة. ولكون التقرير يفضح الموقف الصهيوني، تهجمت إسرائيل على التقرير وعلى رئيس لجنة التحقيق، مع العلم أن غولدستون هو يهودي أباً عن جد.

وكيف كانت ردة الفعل العربية على هذه المواقف العدوانية المكشوفة بغير التعامي والتخاذل؟ لا شيء بالطبع لأن الواقعية العربية تأبى، وللأسف، أن ينسب إليها مثل هذا "العصيان والتمرد" على إرادة الوصي..

هذا نموذج صغير عن حالة مرضيّة كبيرة يعيشها الوطن بعد أن تمكنت منه البعثات الدبلوماسية (الاستعمارية) والارساليات التبشيرية (الدينية) والإيديولوجيات الواقعية (الاستسلامية)..

ويبقى السؤال الأكبر: فهل نقاوم العدو المتربص بحقنا وأرضنا، بسلاح الواقعية التي انطبعت في نفوس الغالبية العظمى من أبناء شعبنا..؟

هل تساعدنا مثل هذه الواقعية على استرجاع الأراضي المغتصبة في فلسطين والشام والعراق..؟ وهل تحفظ لنا سيادتنا على أرضنا وحقنا في مواردنا الطبيعية..؟

إنها مسألة في غاية الخطورة: فإن لم نخرج من هذا المستنقع وننفض عن ذواتنا غبار الانهزام والاستسلام، فلا سبيل لمواجهة التحديات المصيرية..؟

الربيع العربي وخريف الأنظمة الطويل..

2011/9/22

لست أدري كيف أدرجت تسمية ما يحصل في العالم العربي اليوم بـ "الربيع العربي".. ألأن الاحتجاجات والمظاهرات والمطالبات بالتغيير أطلت مع إطلالة الربيع من العام 2011. أم لأن الربيع الأخضر الذي يعني الأمل والتفاؤل يأتي بعد ظلامية الشتاء والبرد، مع التأكيد بأن الدنيا بعد كل شتاء فيها ربيع..؟ المهم أن الجمبع متفق على أن الربيع العربي يعني استفاقة الشعوب العربية من كبوتها ورفض كل ما يعيق مسيرتها نحو الحرية والديمقراطية وحقوق الانسان. ولكن الملاحظ هنا أنه بالرغم من اختلاف مظاهر الاحتجاجات والحركات الشعبية من بلد إلى آخر، لم تقترب أي من الحركات إلى اعتبارها ثورة شعبية بالمعنى الحقيقي للثورة باستثناء الحركة المسلحة في ليبيا. وحتى ضمن البلد الواحد، لم تكن هناك حركة واحدة بل مجموعة حركات..

فمن حيث طبيعة الحركات الشعبية، من تونس ومصر إلى اليمن وسورية وليبيا وغيرها، من الواضح أنه لم تقم هذه الحركات على استراتيجية واحدة أو برنامج عملي متفق عليه مسبقاً بين أفرقاء المعارضة أو أصحاب الاحتجاجات في البلد الواحد بحيث يتم تطبيقه فور سقوط النظام موضوع الاحتجاج. ولهذا طالت مرحلة الانتفاضات والمظاهرات في تونس ومصر تحديداً، بالرغم من تنحي أصحاب السلطة ولكن من دون أن يسقط النظام. وما حصل

بالفعل هو سيطرة الجيش على جميع مرافق الدولة حيث يعمل حالياً على إصلاح ما أمكن للسيطرة على زمام الأمور ومنع الدولة من التفكك. أما النظام فلا يزال على حاله ولم يتم ما كان ينتظره المحتجون المعارضون والسبب الرئيسي هو لكون الحركة الشعبية متعددة الوجوه والتوجهات.

وقيام الحركات الشعبية من حيث المبدأ، هل يمكن تصور قيامها في البلدان العربية لإجراء التغيير دون أن تكون للدول القادرة على التغيير يد فيها..؟ يقول المنظرون المتفائلون: إن الشعب العربي قد ضاق ذرعاً من الأنظمة الفاسدة التي تحكمه وهو يعبر، في مظاهراته واحتجاجاته، عن توقه للحرية بوجه الحكام الطغاة الذين أمعنوا بقمعه واستغلاله لعقود من الزمن ولهذا فهم يسيرون في ركاب الربيع العربي. أما الواقعيون الذين سئموا التنظير والشعارات ينظرون إلى الحركات الاحتجاجية هذه بذات المنظار إلا أنهم يردون التحرك الشعبي إلى تشجيع من تدخل أجنبي وليس إلى ربيع عربي يجول في رؤوس المحتجين..

وفي هذا المجال يهمنا التأكيد على نقطتين أساسيتين فيما يحاوله الغرب الطامع في الحقوق والموارد العربية.

أولاً: يعمل الغرب على خلق حالة من البلبلة والفوضى في صفوف الشعوب العربية وإيجاد الفرقة والشرذمة بينها بحيث يتم له تحقيق الخطة دون عناء.

ثانياً: يستمر الغرب في خلط المفاهيم الفكرية والتاريخية، بحيث يركز المواطن على المفاهيم المغلوطة.. في نظرته للوطن العربي أو النظام العربي أو الربيع العربي وخلافه، كما لو كانت مفاهيم صحيحة تصلح أن تستحوذ على الاهتمام، وهو يعمل في الوقت ذاته على إثارة النعرات الطائفية والمذهبية في جميع الأقطار. وهكذا تقوم الدويلات ضمن الدولة الواحدة وتتعدد الحراكات

الشعبية بحيث يصعب معها الخروج إلى الحل الناجع والنظام الصحيح. هذا بالاضافة إلى تعويم النظام المعمول به منذ أجيال..
وإلى جانب الانتفاضات أو الحركات التي قامت في بعض الدول العربية والتي أسماها البعض "حراكاً شعبياً" في إطار "الربيع العربي"، يلاحظ قيام تعبئة طائفية أو "تعبئات" طائفية ومذهبية في سائر الأقطار العربية قد تكون للأجنبي يد فيها، إلا أنها تلقى تجاوباً شعبياً كاملاً لأن هذه الطوائف هي بطبيعتها أرض صالحة للفتنة المتنقلة، ولو صرح زعماء هذه الطوائف خلاف ذلك في دعوة لنبذ الفتنة ودعم العيش المشترك.. إننا ننظر إلى ما يحدث في عالمنا العربي بشيء من الحذر والترقب ومراقبة "الربيع العربي" خوفاً من أن ينقلب السحر على الساحر.

أرجو ألا يساء فهمنا في هذا التحليل المتواضع وكأننا ضد أن تستفيق الشعوب العربية من غفوتها لتواكب العالم المتقدم في الحريات والديمقراطية. إلا أن حرصنا على تحقيق التغيير الصحيح، الذي هو غاية كل احتجاج وثورة، يستوجب استخدام المنهجية الصحيحة والآلية القادرة على التغيير. ولن نتوقف عند الحراكات الشعبية إن كانت بدوافع محلية أو مستوردة، وجل ما يهمنا هو أن تعقد السواعد وتتحصن الارادة الشعبية بوحدة وطنية قادرة على الوقوف بوجه المطامع الأجنبية حتى إذا ما قدر للثورة أن تنجح، فلخير يطمح إليه جميع المواطنين بعد زوال خريف الأنظمة الطويل..

الإمام الصدر، الحاضر في رسالته ونهجه أبداً..

ألقيت هذه الكلمة في عشاء تكريمي أقامه السيد وليد الأعور على شرف السيد لؤي شرف الدين، مدير العلاقات الخارجية في مؤسسة الإمام السيد موسى الصدر، في مدينة تورنتو ـ كندا مساء الأحد في 25 أيلول 2011.

خلال الستينات من القرن الماضي، ظهرت في لبنان شخصية قيادية نادرة غطت ـ في فكرها وحركتها ـ على كل ما عداها في المجالين الروحي والسياسي، واستطاعت في فترة قصيرة من الزمن أن تحتل صدارة العناوين الاخبارية في مختلف وسائل الاعلام..

جاء كالحلم العابر في سماء لبنان..
جاء.. ليحمل هم المواطن على منكبيه..
طالب برفع الظلم والغبن اللاحقين بالفقراء والمحرومين..
خاطب الانسان الحر في داخل كل إنسان،
للانعتاق من الخوف والتبعية والتحرر من أشباح الرجعية..
نزع الأحقاد من صدور المؤمنين ليوطن فيها المحبة والتسامح..
ولا يخفى كيف كانت تتسلط على لبنان طبقة من المحسوبين المرتبطين بالخارج، والتي كانت تتقاسم مغانم الجمهورية على حساب الشعب وعلى مرأى من عيونه..
عُرف هذا القائد الخالد باسم: سماحة الإمام السيد موسى الصدر..
طيّب الله ذكره وأعاده سالماً.

الإمام الصدر لم يكن إنساناً عادياً. فقد جذب الأنظار وحاز على الاعجاب من كل صوب. وقلما كان يمر يوم دون أن يكون له موقف أو تصريح أو مقال.. إلا أنه لم يرق للبعض أن يلمع نجم هذا القائد الفذ، فأخذوا عليه أنه يثير الناس ويدعوهم إلى الثورة المسلحة موثقين انتقادهم بالصور التي كانت تنشر في الصحافة وتبين الرجال من حوله مدججة بالسلاح..

وكان رد الإمام على المنتقدين بكل هدوء ووقار: هؤلاء الرجال.. لم يعلنوا ثورة بوجه أحد. ولا هم بالحاقدين على أحد..

لكنهم يحملون السلاح ليتمكنوا من إسماع صوتهم إلى المعنيين الذين صُمت آذانهم عن مطالب المستضعفين والمحرومين، وليس من سبيل بغير السلاح..

أما الشاهد الأكبر على ما أراده الإمام الصدر، من حركته الاجتماعية الهادفة، كان قيام المؤسسة التي عرفت باسمه أي "مؤسسة الإمام موسى الصدر" التي أصبحت مع الأيام مجموعة مؤسسات تعنى بالتعليم والصحة وتنمية القدرات الانسانية وترسيخ ثقافة الانفتاح والتلاقي، عبر التفاعل مع حقوق الانسان والمساواة والعدالة الاجتماعية.

والحديث عن مؤسسة الصدر يطول ويطول.. حيث أنها تعمل في كل مناسبة، وبتوجيه من رئيسة مجلس الإدارة السيدة رباب الصدر الجزيلة الاحترام، على استحداث مشاريع جديدة وتوظيف جهود حثيثة لاستكمال رسالتها الانمائية التي وضعها المؤسس سماحة الإمام السيد.

كما يعمل صديقنا المحتفى به، السيد لؤي شرف الدين، إلى جانب والدته السيدة رباب الصدر، شقيقة الإمام، على تطوير المؤسسة

من خلال اطلاعه على كل جديد في المشاريع والخبرات المعتمدة محلياً وإقليمياً ودولياً والعمل على تطبيقها داخل المؤسسة.

قلت للصديق السيد لؤي ذات يوم وكان يحدثني عن النجاحات التي حققتها المؤسسة في مختلف المجالات الاجتماعية: أعتقد جازماً بأن روح المؤسس الإمام الصدر، هي التي تدفع بكم إلى الأمام وتكلل أعمالكم بالنجاح، ذلك أنه حاضر أبداً في رسالته ونهجه أكان السيد في جسده، حاضراً أم مغيباً..

الحراك الشعبي خميرة صالحة..

2012/1/24

على أثر قيام الانتفاضات الشعبية في بعض الدول العربية خلال الأشهر القليلة الماضية، كثر التعليق والتنظير حول طبيعة ومرامي هذه الانتفاضات أو "الحراكات"، قبل أن تتبلور الصورة ويمكن بالتالي فهم أهدافها وتطلعاتها وخاصة الأسس التي قامت عليها. وبالرغم من أن قيامها كان بمثابة مفاجأة لجميع المعنيين والمراقبين، إلا أنها لم تسلم من ألسنة المحللين الذين يعتبرون أنفسهم أكثر من غيرهم إطلاعاً وفهماً للأحداث وكأنهم "يضربون في الرمل" ويقرأون فيما وراء الحدث. ويقول بعض المنظرين المتفائلين: إن الشعب العربي قد ضاق ذرعاً من الأنظمة الفاسدة التي تحكمه وهو يعبر، في مظاهراته واحتجاجاته، عن توقه للحرية بوجه الحكام الطغاة الذين أمعنوا بقمعه واسغلاله لعقود من الزمن ولهذا فهم يسيرون في ركاب الربيع العربي. أما الواقعيون الذين سئموا التنظير والشعارات البراقة، ينظرون إلى الحركات الاحتجاجية بغير هذا المنظار، فيردون التحرك الشعبي إلى تشجيع من الخارج وليس إلى ربيع عربي يجول في رؤوس المحتجين..

قد يكون وراء هذه الاحتجاجات من يقف بانتظار ساعة الصفر لقطف الثمار واستغلال الحركة الثورية وتحويلها إلى مصالحه. وهذا أمر غير مستبعد ذلك أن المصلحة الاقتصادية هي التي تحدد موقف الدول من أحداث كهذه وليست الصداقات أو العلاقات الشخصية التي يدعيها البعض.

وقد يندس في صفوف المحتجين بعض العناصر المأجورة المطلوب منها اللعب على التناقضات لإزكاء نار الطائفية وإثارة الفتنة بين أبناء الشعب الواحد، في محاولة لشق الصف الوطني والاستفادة من الفرقة والخلافات الداخلية لتحقيق مآربها والسيطرة على مقدرات الوطن.

وقد يكون بين فصائل الانتفاضة كثير من الفوارق والتناقضات أحياناً لكنها لا تظهر إلا بعد أن تستقيم الأمور في مرحلة ما بعد الانتفاضة أو الثورة.

هذه وغيرها من الافتراضات قد ترد في مثل هذا التحليل. إلا أن يوصفها البعض بالمؤامرة أو محاولة لخرق الصفوف الوطنية، وكأنهم يقزمون العمل البطولي الذي يمارسه الشعب من أجل حريته وكرامته الانسانية، فهذا أمر مرفوض جملة وتفصيلاً..

وفي هذا المجال يهمنا التأكيد على نقطتين أساسيتين:

أولاً: يعمل الغرب على خلق حالة من البلبلة والفوضى في صفوف الشعوب العربية وإيجاد الفرقة والشرذمة بينها بحيث يتم له تحقيق خطته في تقسيم المنطقة دون عناء.

ثانياً: يستمر الغرب في خلط المفاهيم الفكرية والتاريخية، في منطقة العالم العربي، بحيث يركز المواطن على المفاهيم المغلوطة.. في نظرته للوطن العربي أو النظام العربي أو الربيع العربي وخلافه. وهكذا تقوم الدويلات ضمن الدولة الواحدة وتتعدد الحراكات الشعبية بحيث يصعب معها الخروج إلى الحل الناجع والنظام الصحيح.

فبخلاف ما يرى ويعمل المحللون والمنظرون، نرى أنه من الأجدى أن نثق بهذا الحراك الشعبي الذي يولد اليوم من رحم الآلام والأحزان حتى ولو كان قاصراً. وعلى جميع المثقفين والاعلاميين في الوطن والمغتربات أن يشدوا على أيدي هؤلاء الأبطال المناضلين من أجل كرامة الانسان العربي. إنها الفرصة

التاريخية التي لا تتكرر، لكي نجعل من الحراك الشعبي العربي خميرة صالحة لثورة بيضاء تلغي النظام القمعي الذي دام عقوداً طويلة من الزمن..

***

الربيع العربي الذي أطل في حراك شعبي رائع مع مطلع سنة 2011 المنصرمة، كان بمثابة الروح التي دبت في الجسم العربي بعد طول عناء، ليستعيد نشاطه وعافيته في مسيرة التحرر من العبودية والتبعية وسياسات القمع والاستغلال التي كبلت طاقاته وطموحاته وجعلته أسيراً لا يقوى على الحراك. وكأن الثورة التي تأججت نارها في صدره لسنواتٍ، كانت تنتظر نقطة الصفر لتتفجر زخماً وإقداماً. وكان أن استجابت بلا مهابة، يوم اختصر النداء محمد بو عزيزي في تونس واختار الموت طريقاً للحياة..
لقد أحدثت حركة الاحتجاجات التونسية خضة في سائر الدول العربية وجعلت من شعوبها تخترق حواجز الخوف والتردد مطالبة بإسقاط الأنظمة التي حرمتها أبسط الحقوق الانسانية وجعلت عملية التطور والتنمية الاجتماعية تراوح مكانها. وهكذا تحرك الشارع العربي وعمت تجربة تونس في مصر واليمن والجزائر وليبيا والبحرين وسورية، وقد تنتقل في الغد إلى غيرها من الدول العربية. وليس من الضرورة تكرار كيف رحبت الشعوب بهذا الحراك والذي يعتبر فريداً من نوعه بعد عقود طويلة من الاستسلام والتسليم للأمر الواقع.
أما الآن وبعد مرور ما يقارب السنة على قيام الحراك الشعبي الذي كان من المفروض أن يرقى إلى مستوى الثورة في إنجازاته ونتائجه الاصلاحية، نرى بأن الأمور تسير من سوء إلى أسوأ وفي أفضل أحوالها تراوح مكانها. الأسباب كثيرة وأهمها حالة التردد التي خلقتها الظروف المرافقة للحراك الشعبي وكأن

التنظيمات والأحزاب التي ضمتها ساحات الغضب والاحتجاج فشلت في ضمها طاولات التنسيق والحوار..! وفي مثل هذه الحال يسهل اختراق الصفوف من قبل المتربصين المتضررين من تغيير النظام وهم على استعداد للتعامل مع الشيطان من القوى الخارجية إذا كان هذا كفيلاً باستعادة نفوذهم ومصالحهم..

وفيما يتعلق بهذا الجانب من المخاض العسير للحراك الشعبي العربي، كثرت الآراء لدى مجموعة كبيرة من السياسيين والصحافيين وجاءت تحليلاتهم بعيدة عن الواقع والمناخ الذي تدور الحراكات في فلكه. وقد فاتتهم الاشارة إلى الفكر العقائدي الذي يتحكم في مثل هكذا حراك. فمن غير الممكن أن نطلب وحدة في القيادة ووحدة في العمل الثوري أو تنسيقاً على الأقل إن لم يكن قائماً على وحدة الفكر والعقيدة. وإذا أجيزت التسويات عند عدم التوافق على مبدأ واحد أو خطة واحدة، يبقى هذا نقصاً في نتاج الثورة ومجازفة في الاستمرار بها لأنه سيأتي يوم تتصارع فيه القوى فيما بينها وعندها تخسر كل ما حققته في السابق من مكاسب.

ومن ناحية ثانية فإن نجاح الحراك الشعبي في إسقاط النظام لا يعني حتماً نجاح الثورة أو تحقيق المطلب الشعبي. ذلك أنه يلزم توافر عوامل متعددة لإجراء عملية التغيير، وتوافر هذه العوامل قد يلزمه بعض الوقت. وقد نظلم الثورة وأبطالها إذا تناولناها بالنقد السطحي أو الاتهام.

يستمر الغرب في نشر المفاهيم المغلوطة، كما تستمر الحراكات الشعبية من غير مرجعية موثوقة ودون أن تؤدي إلى الأهداف المطلوبة. إن هذا الحراك الشعبي الذي ولد في العام 2011 وأطلق عليه اسم "الربيع العربي"، لا يزال حراكاً قاصراً ومقصراً في

كثير من واجباته. إنها الفرصة النادرة مع حلول العام 2012، لكي تعقد السواعد والارادة فنحول هذا الحراك المبعثر إلى حركة منظمة ترقى إلى مستوى الطموحات والتطلعات..

❖

إلى السفير الإبراهيمي
رحمة بدماء الأبرار الذين يسقطون

2012/10/30

في كل مرة يخطر لي أن أقارب المسألة السورية في أزمتها الحاضرة التي تحولت إلى بركان غاضب يصب ناره عشوائياً على النظام وعلى أعداء النظام سواءً، أصابُ بشيء من التردد خوفاً من أن يساء فهمي فيما سأقول وإن كان لا يختلف عما قلت وكتبت من ذي قبل. ومن المؤسف ترديد، ونحن في السنة الثانية لاندلاع أحداث سورية، أننا لا نزال ننتظر الحلول ممن يقفون وراء الأزمة ويصبون الزيت على النار ــ من الشرق والغرب ــ بدلاً من رفض كل تدخل يمس بحريتنا وسيادتنا والتمسك بما يحقق المصلحة الوطنية العليا ويحفظ السلم الأهلي من الانفجار...

وفي هذا أيضاً لسنا في معرض التفتيش عن السبب أو المسبب لهذه الأزمة المستفحلة التي تخطت كونها أزمة لتصبح مواجهة مكشوفة تستخدم فيها سائر أنواع الأسلحة الخفيفة والثقيلة والتي تتضاعف تعقيداتها يوماً بعد يوم بحيث يصعب معها إيجاد الحل المناسب. وأبسط هذه التعقيدات الفلتان الإعلامي الحاصل الذي يلقي على أرض الواقع ضبابية سوداء تحجب الرصد والمراقبة والتحليل.

وكنا قد تفاءلنا بالخير يوم قرر العرب التدخل في الأزمة السورية وانتظرنا أن يتصاعد الدخان الأبيض إعلاناً بالتوصل إلى أرضية صالحة للحوار بين المتنازعين وبالتالي إيجاد المخارج والآليات المناسبة بضمانات إقليمية ودولية. وما قامت به المجموعة العربية آنذاك، بمظلة الجامعة العربية، كان بالتنسيق مع منظمة الأمم

المتحدة وقد كلف بالمهمة الصعبة الأمين العام السابق كوفي أنان. أخمدت تلك المبادرة العربية في مهدها وأهمل المشروع الذي تقدم به أنان وما كان منه إلا أن استقال من منصبه بعد جولاته المكوكية التي لم تنتج سوى الملل واليأس وإضاعة الوقت.

غير أن الأمم المتحدة، التي لا تعرف الكلل أو الملل، سرعان ما أعلنت عن تكليف السفير المتقاعد الأخضر الإبراهيمي للقيام بمهام كوفي أنان، لاقتناع منها أنه الشخصية المؤهلة للقيام بدور الوسيط الدولي (العربي) "القادر على حل الأزمة". وقد تم اختيار الابراهيمي، على ما اعتقد، لإبعاد الشبهات عن أدوار تضطلع بها دول عظمى سبق لها وأن هددت المنظمة الدولية بوجودها في أكثر من مناسبة. لا شك أن إسناد المهمة إلى الأخضر الابراهيمي هو اختيار موفق لما يعرف عن الرجل من رزانة وصلابة في الرأي والموقف. إلا أن المشكلة الحقيقية تتعدى المهمة وشخصية الوسيط الدولي.. ولهذا استقال كوفي أنان..!

ففي كل مرة أتناول أحداث سورية في قراءات إخبارية أو تحليلية، أتوقف عند دور الوسيط الدولي لأتساءل مستفهماً ومستغرباً: هل تعني الوساطة الدولية في الشأن السوري الدفع باتجاه تأجيج الأزمة القائمة؟ وهل كان تدخل الأمم المتحدة يرمي إلى إنقاذ البلد وأهله أم إلى تدميره وقتل أهله..؟

ـ كلف الابراهيمي بالمهمة في أوائل شهر آب 2012 لكنه لم يبدأ اتصالاته إلا متأخراً في الأسبوع الثاني من أيلول وقد صرح آنذاك بقوله: "لست واثقاً من النجاح بإنهاء الصراع في سورية".

ـ في مقابلة مع محطة فرانس 24 في 17 آب يقول: "آمل أن أجد الدعم من قبل ما يُسمى بالمجتمع الدولي".

ـ وفي 19 آب يقول: "من السابق لأوانه دعوة الأسد للتنحي".

تأملوا أصدقائي القراء، كيف يكمن في تصريحات الابراهيمي الإرباك والخوف وكأنه يخفي حقيقة من غير المسموح أن يبوح

بها. التخوف من المهمة، التشكيك بالمجتمع الدولي، رفضه الحديث عن تنحي الأسد وغيره.. وقد بلغت ذروة هذه التصريحات (الفارغة) بعد انهيار "هدنة الأضحى" عندما قال: "إن فشل الهدنة لن يضعف من تصميمنا على مواصلة الجهود، ذلك أن سورية مهمة جداً وشعبها يستحق الحصول على دعمنا. وسنواصل بذل الجهود من أجل خفض مستوى العنف ووضع حد له". ويضيف: "هذه الحرب الأهلية يجب أن تنتهي". وبدورنا نقول لسعادة المبعوث الدولي: نعم يجب أن تنتهي الحرب. هلا جئتنا بالآلية الصالحة للتنفيذ..؟

هكذا تدار الأزمة من قبل المجتمع الدولي: برودة في التفكير وتباطؤ في التنفيذ واسترسال في التصريحات "المخملية". أما على صعيد جهابذة العرب، فبالاجتهاد والتنظير ومحاولة تفسير ما هو الحاصل عل الأرض: أهي مؤامرة أم عمليات إرهابية، أهي حرب أهلية أم حرب إبادة..؟ وكل يغني على ليلاه..

لقد سئم الشعب كل ما يدور حوله من تصريحات وخطابات ووعود.. الحرب دائرة والقتل مستمر، وسورية والسوريون إلى المصير المجهول..

سعادة السفير الإبراهيمي،
صدقتَ في توقعاتك يوم قلت إنك لست واثقاً من نجاح مهمتك في سورية. لا بل فشلك الذريع رفع عدد القتلى بالآلاف وأجج نار الأزمة إلى أعلى درجاتها مهدداً بما هو أعظم. فليكن لديك جرأة الاعتراف والاعتذار عن مهمة كنت أول من تنبأ بفشلها، رحمة بدماء الأبرار الذين يسقطون..

التحديات الاسرائيلية في ظل التسامح الدولي..

2012/11/30

شكل التاسع والعشرون من شهر كانون الأول (نوفمبر) 2012 علامة فارقة في تاريخ الشعب الفلسطيني.. هذا ما قاله الرئيس محمود عباس لدى عودته إلى رام الله بعد "الانجاز" الذي حققه في نيويورك، بالحصول على اعتراف الأسرة الدولية بفلسطين كدولة مراقبة في الأمم المتحدة من دون عضوية.. وقبل أن ندخل في تفاصيل وتداعيات ما حصل في أروقة الأمم المتحدة، دعونا أولاً نتعرف إلى ماهية الدولة المراقبة وصلاحياتها ومدى تأثيرها على القرارات الدولية.

فبحسب المصادر المطلعة والخبيرة بالشؤون الدولية، لا قيمة أو مفاعيل قانونية لهذا الاعتراف سوى أنه تعاطف مع الشعب الفلسطيني لما يعانيه هذا الأخير من استبداد المحتل لأرضه والهيمنة على حقوقه الطبيعية من جهة والمكتسبة من جهة أخرى. إذن ليس هناك من فائدة عملية قد تؤدي حالياً أو في مرحلة تالية مباشرة، إلى استقلال القرار الفلسطيني أو ممارسة حق العودة أو تحقيق الحلم الفلسطيني بإقامة دولة مستقلة وعاصمتها القدس (أو

غير القدس). نقول هذا من دون أن نتجاهل المفصل التاريخي الهام الذي أفرزه التوافق الدولي على الحق الفلسطيني في تقرير المصير وربما على إقامة الدولة المستقلة في مرحلة ثانية عندما يتم الاعتراف الفلسطيني الرسمي بدولة إسرائيل. وهذه الحقيقة يعرفها أبو مازن حق المعرفة كما تعرفها جميع الدول التي صوتت مع أو ضد القرار، وبمعنى آخر لا يمكن أن تقوم الدولة المستقلة بدون الاعتراف بدولة إسرائيل. لذلك استهل محمود عباس كلمته في نيويورك مستدراً عطف العالم بإصدار شهادة ميلاد دولة فلسطين حيث قال: "نحن هنا، لا للمطالبة بإلغاء الكيان الإسرائيلي.. فإسرائيل دولة قائمة ومعترف بها من هيئة الأمم المتحدة ولا أحد يمكن له الاعتراض على هذا الواقع. ولا نحن هنا لإعطائنا الحق بالانقضاض على دولة جارة نسعى معها بمفاوضات من أجل السلام في المنطقة. وإنما حان الوقت كي يقول العالم بوضوح كفى للعدوان وكفى للاستيطان وكفى للاحتلال، ولهذا نحن هنا اليوم". لقد اعتبر عباس قبول الجمعية العامة للامم المتحدة بفلسطين دولة مراقبة غير عضو بأنه "الفرصة الاخيرة لانقاذ حل الدولتين"، ودعا الى تصحيح الظلم التاريخي الذي وقع عام 1948 مؤكداً أن الجمعية العامة للأمم المتحدة مطالبة اليوم بإصدار شهادة ميلاد دولة فلسطين.

لدى مراجعة كلمة أبو مازن، نلاحظ الاعتراف غير الرسمي بدولة إسرائيل عندما أشار بالقول أنها دولة قائمة ومعترف بها من هيئة الأمم المتحدة، ولا يمكن لأحد الاعتراض على هذا الواقع. وبالطبع لا يمكن اعتبار قوله اعترافاً رسمياً وإن كانت الإشارة إليه ربما، من باب التمهيد للاعتراف الرسمي فيما بعد..
وفي العودة إلى التعاطف مع الشعب الفلسطيني، نذكر هنا بما حققه هذا الشعب من مكاسب معنوية في مؤتمر "دوربان" لمكافحة

العنصرية عام 2001 والذي شارك في أعماله 153 دولة. وقد شكلت مقررات "دوربان" آنذاك نصراً مبيناً للقضية الفلسطينية (برميةٍ من غير رامٍ) إذ تبنت ثلاثة آلاف منظمة من سائر أنحاء العالم بياناً يصف إسرائيل بأنها "دولة تفرقة عنصرية تمارس الإبادة الجماعية"، رغم التهديدات الأميركية والاسرائيلية باتخاذ خطوات ضد المؤتمر إذا لم تشطب العبارات المناوئة لإسرائيل.

وقد أطلق في ذلك اليوم مؤتمر "دوربان"، في موقف نادر من نوعه، ثورة بيضاء بوجه الولايات المتحدة الأميركية وإسرائيل، تدل بوضوح على امتعاض العالم من سياسة الاستخفاف الأميركية وممارسات إسرائيل العنصرية التي "طفح معها الكيل" وجعلت الأسرة الدولية تعيد حساباتها وتحذو خطوة جريئة لا رجوع عنها. وهذا الموقف الصريح دفع الدولتين المعنيتين إلى الانسحاب من المؤتمر بقرار واحد أذيع بوقت واحد في كل من واشنطن والقدس المحتلة.

وفي مقالة لي نشرت في ذلك التاريخ، قلتُ إن الحدث الفريد الذي سجله العالم في دوربان، يجب أن يصب في مصلحة الانتفاضة الفلسطينية (انتفاضة الأقصى) إذا عرف الإعلام المقاوم والدبلوماسية الفلسطينية كيف يتعاطيان معه وكيف يوظِفان تداعياته في خدمة الأغراض القومية. لكن شيئاً من هذا لم يحصل...! ولم تستخدم بالتالي أية آلية لمصلحة القضية الكبرى التي كانت تنتظر فرصة تاريخية نادرة كهذه، وكانت "دوربان" هي الفرصة الضائعة..

وما أشبه اليوم بالأمس حيث قال العالم كلمته في الموافقة والتصويت إلى جانب فلسطين بالرغم من اعتراض إسرائيل والولايات المتحدة وبعض الدول الأخرى. ومرحلة اليوم، هي أدق المراحل وأصعبها، بعد أن اقتنع العالم بالحق العربي. وها هي الفرصة التاريخية تطل برأسها من جديد، علها تحرك الهمم من

أجل كرامة غير منقوصة. إنه الوقت المناسب ليخرج كل العرب من خلف ستائر الخجل في مواكبة القرار الدولي الذي يعترف بحقهم في الحياة، والفرص التاريخية النادرة لا تتكرر بسهولة..

***

والمفارقة الغريبة التي تطفو اليوم على ساحة العلاقات الفلسطينية الاسرائيلية، أنه في الوقت الذي كان يقيم فيه الفلسطينيون الاحتفالات على أثر الفوز بقرار الأسرة الدولية باعتبار فلسطين مراقباً غير عضو في الأمم المتحدة، كانت الحكومة الإسرائيلية تعد العدة لإصدار مشروع إستيطاني جديد يقضي بإنشاء ثلاثة آلاف وحدة سكنية في الضفة الغربية. وبالرغم من ردود الفعل الدولية المنددة بالقرار الإسرائيلي، تجاهل رئيس الوزراء بنيامين نتانياهو الادانة الدولية لخطط إسرائيل التوسعية بعد فوز الفلسطينيين باعتراف فعلي بدولتهم في الامم المتحدة، وقال متحدياً في الاجتماع الاسبوعي لحكومته "سنواصل البناء في القدس وفي كل الأماكن المبينة على خريطة المصالح الاستراتيجية لإسرائيل".
ويؤكد نتانياهو أن "إسرائيل كدولة يهودية لها حقوق تاريخية في أراض بالضفة الغربية وكل القدس. ويريد الفلسطينيون القدس الشرقية لتكون عاصمة لدولتهم في المستقبل. إلا أن إسرائيل تعتبر القدس بأكملها عاصمة لها والادعاء الفلسطيني لا يحظى باعتراف دولي". ومن جهته، قال وزير الإسكان الإسرائيلي ارييل اتياس ان "الحكومة ستطرح خلال اسابيع مناقصات لبناء ألف وحدة سكنية في القدس الشرقية وأكثر من ألف وحدة أخرى في كتل استيطانية بالضفة الغربية".
والملاحظ هنا أن طرح المشروع الاستيطاني الجديد كان معداً بالأساس للاعلان عنه بالتزامن مع إعلان قرار الأمم المتحدة المؤيد للطلب الفلسطيني. وكأن في الأمر خطوة عقابية لرئيس

السلطة بسبب توجهه إلى الأمم المتحدة وحصوله على "دولة مراقب غير عضو".

وقد اعتبر وزير الخارجية الفرنسي لوران فابيوس أن القرار الاسرائيلي سيكون خطيرا وسيشكل عقبة جدية أمام حل قيام دولتين، كما سينسف الثقة اللازمة لاستئناف الحوار. ومن جهته، أعرب وزير الخارجية البريطاني وليام هيغ عن قلقه البالغ من المشروع الاستيطاني معبرا عن أمله في أن تتراجع "إسرائيل" عنه. كذلك فعلت وزيرة الخارجية الأميركية هيلاري كلينتون إذ أعربت عن إدانة الولايات المتحدة لهذا المشروع، معتبرة أنه "يعيد قضية السلام مع الفلسطينيين إلى الوراء".

من المستغرب كيف أن غالبية دول العالم التي صوتت إلى جانب الطلب الفلسطيني أو التي امتنعت، هنأت السلطة بهذا الانجاز التاريخي مع العلم أنه ليس إنجازاً بالمعنى القانوني ـ أي يمكن أن يؤدي إلى مكاسب على الأرض ـ سوى أنه دعم معنوي أوجبته اللياقات الدولية والتعاطف الانساني مع شعب يتعرض في كل يوم للعدوان والتنكيل. من المستغرب كيف أن كندا، بلد القيم الحضارية الحاضنة لحقوق الانسان والعاملة في كل مجال لخدمة العدالة والسلام في العالم، كيف أنها تتجاهل الموقف وتواكب التحديات الاسرائيلية المتكررة في ظل التسامح الدولي الذي عبر عنه القرار الدولي الصادر عن الأمم المتحدة، وكأن ما يعني الانسان الفلسطيني أو العربي بشكل عام، لا يعنيها من قريب أو بعيد..

ألم تنفق الدولة الكندية مئات الملايين من الدولارات منذ نهاية الحرب العالمية الثانية للدفاع عن حقوق اليهود الذين كانوا ضحية النازية..؟

ألم تلاحق كندا مجرمي الحرب في داخل البلاد الكندية بعد انقضاء خمسين سنة على نهاية الحرب بحجة تأمين العدالة للشعب اليهودي..؟

ألم ترفض كندا الدخول في الحرب على العراق عام 2003 (إلى جانب الولايات المتحدة) لعدم توافر الأدلة الموجبة، وحقناً لدماء الأبرياء الذين سيسقطون من جرائها. وقد أكدت رفضها آنذاك بلسان رئيس وزرائها جان كريتيان الذي صرح أمام الصحافيين: "لن نرتكب حماقة حرب غير شرعية وغير متكافئة. إننا ننتظر قرار مجلس الأمن ونؤكد بأن كندا لن تتصرف إلا وفق الارادة الدولية".

إن وقوف الحكومة الكندية إلى جانب إسرائيل اليوم، في قراراتها وممارساتها غير الشرعية وفي مقدمها المشروع الاستيطاني في الضفة الغربية، يطرح علامات استفهام متعددة وخاصة أن معظم الدول الكبيرة، الحليفة لكندا في المجالات السياسية والاقتصادية والانسانية، نددت بالسياسة الاسرائيلية وحذرت من نتائجها على الأرض مع التمني على الحكومة الاسرائيلية بالتراجع عن قرارها. لقد كانت كندا حتى الأمس القريب، قائدة التسامح الدولي أياً كانت التحديات والمواجهات، والعاملة من أجل العدل والسلام ضماناً لحقوق الانسان، أي إنسان.. هل تبدل الدور الكندي في مقاربة القضايا الانسانية في العالم، أم هو في مرحلة مخاض..؟ عله في إعادة النظر، تنتظم المعادلة وتستقيم الأمور..

وفي مراجعة سريعة لما حمله التاسع والعشرون من شهر كانون الأول (نوفمبر) 2012، يمكن تسجيل الملاحظات التالية:

1 - إن الحصول على اعتراف دولي بتحويل السلطة الفلسطينية بقيادة محمود عباس إلى دولة مراقب غير عضو في الأمم المتحدة، يعني الحصول على قرار منقوص غير واضح المعالم

والمضامين وفي طليعته عدم تضمين قطاع غزة وحماس في إطار الدولة المعترف بها. وكنا نفضل لو تمت المصالحة الفلسطينية ـ الفلسطينية قبل التقدم بطلب الاعتراف هذا، ليشمل سائر الأراضي والقوى الفلسطينية. هذا وقد تم الاعتراف على النحو الذي نعرفه، نأمل في أن تكون المصالحة الوطنية من أولى اهتمامات الدولة الجديدة لكي تثبت جدارتها على الساحة الداخلية وقوتها في مواجهة التحديات الخارجية.

2 ـ على الدولة الجديدة وجوب الطلب إلى جامعة الدول العربية بأسرع وقت ممكن، تأليف لجنة دبلوماسية عربية مهمتها زيارة جميع الدول المؤيدة والمعارضة لقيام الدولة الفلسطينية، بهدف توضيح الموقف العربي وشرح الملابسات التي تخفى على هذه الدول بفعل الاعلام الاسرائيلي المضلِل، والتأكيد على المساعي الانسانية والحقوقية في التعامل مع النزاع العربي الاسرائيلي.

3 ـ الإشارة إلى مواقف الأسرة الدولية في تعاطفها مع الحق الفلسطيني، المبينة في مقررات الأمم المتحدة أو في توصيات المؤتمرات العربية والدولية، لاستثمارها وتوظيفها في خدمة القضية الفلسطينية واعتبار "الانجاز" الذي تحدث عنه الرئيس عباس مؤخراً، الانطلاقة الأساسية للدولة المعترف بها حديثاً ونقطة التحول المفصلي في الخطة الإعلامية الجديدة.

4 ـ إستئناف المفاوضات مع إسرائيل من موقع الفريق القوي، من غير التنازل عن الحقوق الأساسية للشعب الفلسطيني، والتذرع بعدها بالتعامل مع "الواقعية".

5 ـ كشفَ تقرير القاضي ريتشارد غولدستون في العام 2009 عن دور الصهيونية في تبني الكيان الاسرائيلي، كما رفع الغطاء عن جرائم الحرب وخروقات القانون الدولي والانساني خلال

العدوان على قطاع غزّة. ولكون التقرير يفضح الموقف الصهيوني، تهجمت إسرائيل على التقرير وعلى رئيس لجنة التحقيق، مع العلم أن غولدستون هو يهودي أباً عن جد. وكانت ردة الفعل العربية بالتعامي والتخاذل.

هذا نموذج صغير عن "الواقعية العربية"، هذه الحالة المرضيّة الكبيرة التي يعيشها المناضلون والمثقفون في العالم العربي بعد أن تمكنت منهم البعثات الدبلوماسية (الاستعمارية) والارساليات التبشيرية (الدينية) والإيديولوجيات الواقعية (الاستسلامية).. ويبقى السؤال الأكبر: فهل يقاوم العرب العدو المتربص بالحق والأرض، بسلاح الواقعية التي انطبعت في نفوس الغالبية العظمى من أبناء الشعوب العربية..؟

يجب العمل في فلسطين كما في سائر الدول العربية على التخلص من مرض "الواقعية" الذي أوقع العرب في مستنقعات الاستسلام والانهزامية. وفي هذا ما يعزز الدعوة إلى نهضة قومية عارمة قادرة على مواجهة جميع التحديات.

وبانتظار أن تحقق الارادة الفلسطينية العضوية الفعلية الكاملة داخل أروقة الأمم المتحدة، نتقدم بالتحية من الشعب الفلسطيني بجميع فئاته وفصائله، على الإنجاز هذا وإن كان متواضعاً، عله الخطوة الواثقة الأولى في رحلة الألف ميل..

الفهرس

المقدمة	7
إلى فخامة الرئيس لحود مع أطيب التمنيات	9
ندوة "مجلس الفكر"	13
المخترع اللبناني كامل الصبّاح	17
نزار قباني.. عشق الأحزان وانتفض ثورة.. إلى	23
صاحب الغبطة مع أطيب التمنيات	29
هالة سلام مقصود.. ثقل الهموم والتساؤلات	35
هل تتحول الجامعة العربية إلى منبر للشعوب العربية	39
تقرير التنمية العربية	43
لفهم ما نقرأ وليس لقراءة ما نفهم	49
سايكس بيكو الجديدة	63
كتاب مفتوح إلى فخامة الرئيس	77
طلاق هنية وعباس	81
إعلان دمشق	85

الفهرس

باراك أوباما.. للتجديد أم للتقليد	89
أوباميون أكثر من أوباما	93
إعلان الدوحة	97
بريق يلمع في بحر من الظلام	101
خالد حميدان يردّ على كلوفيس مقصود	106
ماذا لو أوقف الضخ ليوم واحد	117
السودان يقرع طبول خارطة الطريق	121
فلسطين.. التحديات المصيرية في ظل الواقعية العربية	125
الربيع العربي وخريف الأنظمة الطويل	129
الإمام الصدر الحاضر في رسالته ونهجه	133
الحراك الشعبي خميرة صالحة	137
إلى السفير الإبراهيمي	143
التحديات الإسرائيلية في ظل التسامح الدولي	147

المؤلف: محطات إعلامية واجتماعية

النشاطات الإعلامية:

- مؤسس ورئيس المركز الاستشاري للإعلام
- ناشر ورئيس تحرير مجلة "أضواء"
- ناشر ورئيس تحرير جريدة "الجالية"

النشاطات الاجتماعية:

- عضو مركز الجالية العربية الكندية في تورنتو
- عضو مؤسس لجامعة اللبنانيين الكنديين
- عضو الاتحاد العالمي للمؤلفين باللغة العربية
- رئيس سابق لمجلس الصحافة الاثنية في كندا
- رئيس سابق لرابطة الإعلاميين العرب في كندا
- مؤسس ورئيس مركز التراث العربي في كندا
- مؤسس ورئيس المهرجان الكندي المتعدد الثقافات
- مؤسس ورئيس رابطة المؤلفين العرب في كندا

الجوائز التقديرية:

- رئاسة الحكومة الكندية الفدرالية
- رئاسة حكومة أونتاريو
- بلدية تورنتو الكبرى
- مركز الجالية العربية في تورنتو
- مجلس الصحافة الإثنية في كندا
- الجمعية الدرزية الكندية في أونتاريو
- رابطة المسلمين التقدميين في كندا
- رابطة الأطباء العرب في شمال أميركا
- الإتحاد العالمي للمؤلفين باللغة العربية
- جمعية "عالم إنسان بلا حدود" – لبنان

صدر للمؤلف

- كتاب "الأبله الحكيم"
الطبعة الأولى (1974) الطبعة الثانية (2009) الطبعة الثالثة (2011)

- كتاب "أصداء وأضواء" (1978)

- كتاب "كلمات بلا حواجز"
الطبعة الأولى (2009) الطبعة الثانية (2011)

- كتاب "أوراق حائرة"
الطبعة الأولى (2009) الطبعة الثانية (2012)

- كتاب "بيت التوحيد بيت العرب"
الطبعة الأولى (2009) الطبعة الثانية (2022)

- كتاب "الوصايا العشر"
الطبعة الأولى (2011) الطبعة الثانية (2013) الطبعة الثالثة (2022)

- كتاب "سقوط الجمهورية" (2013)

- كتاب "أقلام صادقة" (2014)

- كتاب يوسف مروه - "التبادل الثقافي بين الشرق والغرب" (2019)

- كتاب سعيد تقي الدين - "الفكر الحاضر المغيّب" (2020)

- كتاب "إضاءات" (2021)

- كتاب "وجهة سير" (2022)